WEISHEIT
Märchen aus aller Welt

Erzählt von
Christa Spilling-Nöker

HERDER

FREIBURG · BASEL · WIEN

Einladung

Wer träumt nicht gelegentlich davon, durch ein Wunder reich zu werden, Schwierigkeiten geschickt meistern zu können und endlich einmal das Glück uneingeschränkt auf seiner Seite zu haben? Von solchen Träumen erzählen die Märchen. Unmögliches wird plötzlich möglich, Habenichtsen gelingt der Weg zum Reichtum und einfache Leute werden zu Königen; die Rechtschaffenen werden belohnt und die Habgierigen bestraft. Da entsteht in schillernden Farben eine Welt, wie wir sie uns erhoffen. Wir fühlen uns in ein Zauberland entführt, in dem es bisweilen nachdenklich, manchmal augenzwinkernd, oft aber auch dramatisch zugeht: Geheime Helfer wie zum Beispiel sprechende Tiere oder Feen vermögen Bettler oder Prinzessinnen durch die auf ihrem Weg lauernden Gefahren zu führen, sodass am Ende Zuversicht und Vertrauen wieder wachsen können und der Suche nach Glück, Sinn und Weisheit Erfolg beschieden ist.

Märchen halten uns einen Spiegel vor: Was in den Geschichten im Äußeren geschieht, können wir als Wahrheiten erkennen, die in unserer Seele verborgen sind. Wenn wir uns auf sie einlassen, bewegen sie uns zur Veränderung und Wandlung unserer bisherigen Lebenshaltung.

Mögen uns die vorliegenden Märchen dazu anregen, die geheimen Quellen der Weisheit in uns aufzuspüren. Mögen wir dem Wunder des Lebens wieder neu auf die Spur kommen, um Schwellen zu überschreiten, neue Einsichten zu gewinnen, Sinnzusammenhänge wahrzunehmen und so zu uns selbst hinzureifen: damit wir den königlichen Schatz in der eigenen Tiefe wahrnehmen und für die Gestaltung unseres Lebens heben und nutzen.

INHALT

»Nicht dass einer dieses
oder jenes ist,
sondern dass er er selbst ist.«

Sören Kierkegaard

DER RATSCHLAG DER EULE

An den Sümpfen des großen Flusses lebte vor langer Zeit einmal ein winzig kleiner Mann. Er war so klein, dass er anderen Menschen gerade bis zum Knie ging. Er litt sehr darunter und dachte, es müsste doch eine Möglichkeit geben, diesen Zustand zu ändern. Schließlich kam er auf die Idee, das größte Tier in der Nachbarschaft zu fragen, was er tun müsse, um zu wachsen. Nachdem er sich eine Weile in seiner Umgebung umgesehen hatte, ging er zum Pferd und sagte: »Guten Tag, liebes Pferd, kannst du mir sagen, was ich tun muss, um größer zu werden?«

Das Pferd sprach: »Du musst jeden Tag ganz viel Mais futtern und weite Strecken umherlaufen, mindestens zwanzig Meilen. Dann wirst du so groß und stark wie ich.« Der kleine Mann bedankte sich bei dem Pferd für den guten Rat, den er auf der Stelle befolgte. Doch der Mais lag ihm schon nach kurzer Zeit schwer im Magen und vom vielen Traben brannten seine Füße vor Schmerz ... aber er wuchs auch nicht einen einzigen Zentimeter. Da wurde er sehr traurig und weinte still vor sich hin. Schließlich überlegte er, dass das Pferd vielleicht der falsche Ratgeber gewesen sei und machte sich zum Ochsen auf. »Guten Tag, lieber Ochse, kannst du mir vielleicht eine Anregung dazu geben, was ich tun muss, um zu wachsen?« »Nichts leichter als das«, meinte der Ochse selbstsicher. »Du musst morgens, mittags und abends Gras fressen und immer ganz, ganz laut brüllen, dann bist du bald so groß und stark wie ich.« Der kleine Mann bedankte sich bei dem Ochsen. Doch von dem vielen Gras bekam er Bauchschmerzen und durch das ewige Brüllen wurde er völlig heiser. Aber statt zu wachsen, schrumpfte er sogar noch.

Tief betrübt ging er nach Hause zurück und setzte sich vor die Tür. Da kam eine Eule vorbeigeflogen und fragte ihn nach der Ursache seines Kummers. »Ich möchte gerne größer sein, als ich jetzt bin, aber ich kann machen, was ich will, es gelingt mir einfach nicht.« Und er erzählte der Eule, was ihm das Pferd und der Ochse geraten hatten. Die Eule schüttelte den Kopf. »Warum möchtest du denn gerne größer sein, als du bist?«, fragte sie. »Nun, wenn mich einmal ein großer Kerl angreift, dann möchte ich mich wehren können«, antwortete der kleine Mann. »Ist denn schon einmal jemand über dich hergefallen und hat dich verprügelt?« »Nein, das nicht«, räumte der kleine Mann ein. »Na siehst du, du brauchst dich gar nicht im Streit mit anderen zu messen. Kannst du mir einen anderen Grund nennen, aus dem du unbedingt größer sein willst?« »Große Menschen können viel weiter sehen als ich.« »Wenn du eine bessere Aussicht haben möchtest, brauchst du doch nur auf einen Baum zu klettern. Von dort aus kannst du viel weiter blicken als der größte Mensch.« »Da hast du auch wieder recht«, murmelte der kleine Mann. »Ich sehe, wir verstehen uns«, meinte die Eule. »Es ist doch gar nicht von Bedeutung, was für eine äußere Gestalt du hast, ob du mit kurzen oder langen Beinen durch das Leben gehst. Wichtig allein ist, dass dein Verstand immer mehr wächst. Und das kannst du ja Tag für Tag üben. Dann werden auch deine Sorgen verschwinden.« Sprach's, und erhob sich weit in die Lüfte.

Aus Amerika

» Reich ist, wer weiß,
dass er genug hat. «

Laotse

DAS GLÜCK DES SCHUSTERS

Es war einmal ein armer Schuster, der stand von morgens früh bis in die Nachtstunden vor seiner kleinen Werkstatt und arbeitete, um seine vielen Kinder zu ernähren. Während er Leder zuschnitt, nähte und hämmerte, sang er vergnügt vor sich hin. Am Abend, wenn die Frau das Essen zubereitete, nahm er seine Gitarre und spielte muntere Weisen, zu denen seine Kinder in ihren zerlumpten Kleidern umhersprangen und tanzten. Gegenüber nun wohnte ein reicher Nachbar, der dieses Treiben eines Tages nicht mehr mit ansehen konnte. Er nahm einen Beutel, füllte ihn mit Goldstücken und schickte ihn heimlich zu dem armen Schuster, um ihn und seine Familie glücklich zu machen.

Als der Schuster den Sack mit Geld entdeckte, schloss er sich mit seiner Frau in einer Kammer ein, um das Geld zu zählen, sodass ihm keine Zeit blieb, um auf der Gitarre zu spielen. Derweil tobten und lärmten die Kinder im Haus herum, wie es bis dahin noch nie vorgekommen war. Weil der Schuster sich ob des Geschreis im Haus beim Zählen der Goldstücke vertan hatte, setzte es für die Kinder eine Tracht Prügel, wodurch das

Gebrüll erst recht anhob. Schließlich fragte die Frau ihren Mann: »Was wollen wir denn jetzt mit dem Geld anfangen?« »Wir könnten es vergraben«, schlug der Schuster vor. »Wer weiß, ob wir es dann je wiederfinden«, gab die Frau zu bedenken. »Besser ist, wir verstecken es in einer Truhe.« »Aus der Truhe könnte es uns gestohlen werden«, wandte der Mann ein. »Wir sollten es auf die Bank tragen, dort kann es uns auch noch Zinsen bringen.« »Was sind denn das für Wuchermanieren.« Die Frau war ganz empört über diesen Vorschlag ihres Mannes. »Wir könnten das Haus aufstocken und ich könnte meine Werkstatt neu herrichten«, schlug der Mann vor. »Da würde ich es aber vorziehen, ein Stück Land zu kaufen. Dann könnten wir uns unseren Lebensunterhalt selbst erwirtschaften. Du weißt, ich bin auf dem Land groß geworden. Nichts ist schöner als Feldarbeit.« »Nur über meine Leiche«, warf der Mann ein. »Ich bin Schuhmacher und kein Bauer.« So ging es noch eine Weile hin und her. Je länger die Debatte ging, umso heftiger gerieten die Eheleute in Streit, bis der Schuster seiner Frau rechts und links eine Ohrfeige versetzte.

Der Nachbar bekam diesen ganzen Lärm natürlich mit, konnte sich aber keinen Reim darauf machen. Als sich das Ehepaar wieder beruhigt hatte, meinte der Schuster. »Das Beste ist, wir schenken unserem Nachbarn die Goldstücke. Er wird gewiss Verwendung dafür finden.« Seine Frau war mit diesem Vorschlag sofort einverstanden. So füllte der Schuster die Goldstücke in den Sack zurück, stellte sie dem Nachbarn vor die Tür, setzte sich wie gewohnt auf seinen Schemel und sang so vergnügt vor sich hin wie eh und je.

Aus Portugal

»Allem kann ich widerstehen,
außer der Versuchung.«

Oscar Wilde

DIE MACHT DER VERSUCHUNG

An einem sehr heißen, schwülen Sommertag wurde einem Knecht aufgetragen, den großen Garten seines Herrn umzugraben. Die Sonne stach vom Himmel und dem Knecht lief der Schweiß nur so am Leibe herab. Immer wieder einmal hielt er inne, steckte den Spaten in die Erde, wischte sich die Stirn und stieß lauthals einen gotterbärmlichen Fluch nach dem anderen aus. Vor allem verwünschte er Adam, dem er seiner Meinung nach diese ganze Schinderei zu verdanken habe. »Hätte Adam sich nicht von Eva dazu verführen lassen, von dem Apfel zu essen, den sie ihm gereicht hatte, könnten wir alle noch im Paradies unter den Bäumen sitzen, uns die Sonne auf den Bauch scheinen lassen, hier und da ein paar Früchte naschen, das Leben genießen und es uns rundum gut gehen lassen.«

Sein Herr hörte diese Worte natürlich. Nach geraumer Zeit ging er in den Garten und sagte zu seinem Knecht: »Was verfluchst du den alten Adam? Ich bin sicher, dass du in seiner Situation genauso gehandelt hättest.« »Niemals«, erwiderte der Knecht, »ich hätte der Versuchung widerstanden!« Sein Herr schmunzelte nur.

Am Abend dieses heißen Tages lud er seinen Knecht ein, nach der anstrengenden Arbeit fürstlich zu speisen. Er ließ ihm einen Tisch mit den feinsten und verlockendsten Gerichten und Getränken decken. Nur von der einen Schüssel, die abgedeckt am Rande der Tafel stand, solle er nichts nehmen, solange er selbst nicht anwesend sei. Der Knecht wusste gar nicht, wie ihm geschah. Ihm lief angesichts all der köstlichen und lieblich duftenden Speisen das Wasser im Munde zusammen und er langte kräftig zu. Von allen Leckerbissen kostete er, bis er schließlich so satt war, dass er auch nicht einen einzigen Happen mehr hätte herunterkriegen können. Dennoch zog ihn die abgedeckte Schüssel unwiderstehlich in ihren Bann. Was für eine Delikatesse mag sich nur darin verbergen, fragte er sich. Und wenn ich die Decke nur ein wenig lüfte, um nachzuschauen, was darin ist, was kann daran verkehrt sein? Ich will ja von dieser Speise nichts nehmen. Schließlich juckte es ihm dermaßen in den Fingern, dass er nicht mehr an sich halten konnte und das Tuch an einem Zipfel ein wenig von der Schüssel lüpfte. Ehe er sich versah, sprang eine Maus heraus. Um nicht quasi auf frischer Tat ertappt zu werden, wollte er die Maus schnell wieder einfangen, doch sie entwischte ihm stets aufs Neue. Er sprang im ganzen Zimmer umher, stieß dabei alle Stühle um, zog am Tischtuch, sodass einige der kostbaren Terrinen zu Boden fielen und zerbrachen. Doch kaum glaubte er, die Maus fangen zu können, war sie schon wieder in eine andere Ecke entkommen.

Von dem Lärm und Getöse angelockt, trat sein Herr in das Zimmer, besah sich das Chaos und drohte lachend mit dem Finger: »Sieh nur her, was du in deiner grenzenlosen Neugier angerichtet hast. An deiner Stelle würde ich über den alten Adam und seine Schwäche in Zukunft nicht mehr so laut herziehen.«

Aus England

»Enthalte dem die gute Tat nicht vor, der sie braucht, wenn in deiner Macht steht, es zu tun!«

Sprüche 3,27

DAS GESCHENK DES BETTLERS

Es lebten einmal zwei Schwestern, die wohl jede ein eigenes Bauernhaus bewohnte, von denen aber dennoch die eine reich und die andere arm war. Die Reiche hatte nur wenige Kinder, die Arme aber eine ganze Kinderschar. Um die Kleinen durchzubringen, hatte sie sich bei ihrer Schwester als Dienstmagd verdingt. Hinter dem Hof der reichen Schwester lag ein kleines Kapellchen, jeden Morgen und jeden Abend verrichtete die arme Schwester dort ihr Gebet. Nun verhielt es sich so, dass die Reiche ihrer armen Schwester für all ihre Arbeit kaum Lohn zahlte, sodass diese ihren Kindern nur eine wässrige, fade Suppe vorsetzen konnte. Dennoch gediehen die Kinder prächtig, sie waren rund und gesund und hatten gerötete Wangen. Die Kinder der reichen Schwester aber, die tagtäglich mit den feinsten Speisen verwöhnt wurden, waren mager und fahl im Gesicht.

Eines Tages schnitt der Mann der Reichen einen Brotlaib auf; da rann eine Blutspur heraus. »Das kommt daher, dass du deiner Schwester kaum etwas dafür gibst, dass sie alle Tage bei uns schuftet, bis ihr der Schweiß nur so am Leibe herunterläuft«, schalt der Mann seine Frau und ermahnte sie, das auf der Stelle zu ändern. Die aber stemmte beide Fäuste in die Hüften und empörte sich: »Sieh nur, wie gut deren Kinder gedeihen und wie schlecht es um die eigenen bestellt ist!« Da nahm der Mann die Sache selbst in die Hand. Er holte drei Brote herbei, eine Speckseite, einen Sack Hülsenfrüchte und dazu einen ordentlichen Geldbetrag und gab alles seiner Schwägerin. Die strahlte vor Freude, weil sie ihrer Familie nun ein gutes Essen kochen konnte. Auf dem Heimweg ging sie wie immer am Herrgott vom Kapellchen vorbei, verrichtete ihr Gebet und lud ihn ein, am Abend mit ihrer Familie zusammen zu speisen. Der nickte mit dem Kopf und sagte zu.

Daheim angekommen, schlachtete sie den Hahn, kochte einen Topf voll Reis und bat ihren Mann, Wein zu besorgen. Alles war gerichtet, ihr Mann war mit dem Wein zurück, da erblickte sie einen Bettler in völlig zerlumpten Kleidern vor dem Haus, der so dünn war wie ein Gerippe. Als sie vor die Tür ging, sprach er sie an und bat um ein Almosen. »Ich warte ja eigentlich auf den Herrn vom Kapellchen, den ich zum Essen eingeladen habe. Aber ich denke, es wird noch genug da sein, wenn ich dir etwas abgebe.« Sie schnitt eine Keule und einen Flügel von dem Hahn ab, legte eine Scheibe Brot dazu und füllte einen Becher mit Wein. Der Arme dankte und ließ es sich schmecken, dann verschwand er. Indes wartete die Frau immer noch auf den Herrn vom Kapellchen, doch der erschien nicht.

Am nächsten Morgen, als sie wieder ihr Gebet verrichtete, fragte sie den Herrn vom Kapellchen, warum er nicht zum Essen gekommen sei, sie hätten den ganzen Abend auf ihn gewartet. Da erwiderte der Herr vom Kapellchen: »Ich bin sehr wohl an deinem Haus gewesen. Erinnerst du dich an den Bettler? Das war ich. Da du mich nicht abgewiesen, sondern mir zu essen und zu trinken gegeben hast, werde ich dich nunmehr mit großem Reichtum belohnen. Du wirst alles in Hülle und Fülle bekommen, was du zum Leben brauchst. Jeder Stein vor deinem Haus wird in ein Stück Vieh verwandelt. Kehre jetzt wieder um, denn von heute an brauchst du nicht mehr bei deiner Schwester zu arbeiten und dich von ihr demütigen lassen.«

Die Frau tat, wie ihr der Herr vom Kapellchen es gesagt hatte. Daheim fand sie Mehl und Schmalz in den Töpfen und begann auf der Stelle, Brote zu backen. Schon brannte das Feuer im Ofen und die ersten Fladen dufteten verführerisch, als die Reiche sich darüber beunruhigte, dass ihre Schwester nicht zur Arbeit erschienen war. Sie stieg auf den Erker ihres Hauses – und sah zu ihrem Erstaunen, dass aus dem Schornstein der anderen Rauch aufstieg.

»Nun, so schlecht kann es ihr ja nicht gehen, wenn sie schon am frühen Morgen ein Feuer machen kann«, murmelte sie vor sich hin. Schnell zog sie ihre Pantoffeln an und lief hinüber zum Haus ihrer Schwester. Als sie deren plötzlichen Reichtum sah, wollten ihr die Augen übergehen und sie fragte, wie es denn zugegangen sei, dass sie über Nacht zu solchem Wohlstand gekommen sei. Da erzählte ihr die Schwester, dass sie den Herrn vom Kapellchen zum Essen eingeladen hatte. Schon war die andere aus dem Haus heraus, lief, so schnell sie ihre Füße tragen konnten, zum Herrn vom Kapellchen und lud ihn ebenfalls zum Essen ein. Der Herr nickte und sagte zu.

Wieder daheim, rief sie alle Köchinnen und Köche zusammen. Da wurde gekocht und gebraten, geschmort, gesotten, gebrutzelt und gebacken. Pasteten und Frikassees, Hähnchen und saftige Bratenstücke, Kompott, Pudding und vielerlei süße Kuchen erwarteten den göttlichen Gast. Der aber erschien, wie bei der anderen, in zerlumpter Gestalt und bat um ein wenig Speise, da er seit Tagen schon nichts mehr gegessen habe. Die Frau aber befahl ihm, sich hinter den Ofen zu setzen. Sie erwarte schließlich den Herrn vom Kapellchen – und bevor der nicht erschienen sei und gespeist habe, würde sie ihm keinen Bissen reichen. Da machte sich der arme, dürre Mann wieder auf den Weg. Nach einiger Zeit klopfte er noch einmal an dieselbe Tür. Dieses Mal wurde die Frau so wütend, dass sie die Hunde auf ihn hetzte, die ihm seine ohnehin schon zerrissenen Kleider gänzlich zerfetzten. Indes wartete sie den ganzen Abend auf den Besuch des Herrn vom Kapellchen. Zur Nacht schließlich begann man im Hause, die gerichteten Leckerbissen enttäuscht selbst zu verspeisen.

Am nächsten Morgen eilte die Frau zur Kirche und fragte den Herrn vom Kapellchen, weshalb er nicht erschienen sei. Da antwortete er: »Ich bin sehr wohl bei dir gewesen, aber du hast mir nicht einen einzigen Happen gereicht und sogar deine Hunde auf mich gehetzt. Deine Schwester hat mich, obwohl sie bei Weitem nicht so viel in den Töpfen gehabt hat wie du, nicht abgewiesen. So soll es dir in Zukunft schlecht gehen, während sich das Leben deiner Schwester stetig zum Besseren wendet.« Und so geschah es, dass die reiche Schwester immer ärmer wurde und die arme im Reichtum schwelgte.

Aus Portugal

DIE LIST DES VAGABUNDEN

Vor langer Zeit wanderte einmal ein armer Vagabund über das Land. Es gab immer wieder Tage, an denen er nichts zu essen hatte und sich des Abends hungrig und in seinen zerrissenen Kleidern frierend auf den nackten Boden zum Schlafen legte. Eines Tages nun begab es sich, dass er einen unbändigen Hunger auf eine gute Suppe verspürte. Als er in das nächste Dorf kam, wusste er vom Hörensagen, dass dort eine Frau wohnte, die ein wenig einfältig sei. Dort wollte er sein Glück versuchen. Er ging zum Fluss, suchte einen schönen runden, faustgroßen Stein, klopfte kurze Zeit später bei der Frau an und bat sie um einen Topf und etwas sauberes Wasser. Dann begann er, den Stein sorgfältig zu säubern, bis er glänzte. »Was macht Ihr Euch für eine Mühe mit diesem Stein«, sagte die Frau. »Das ist ja nicht irgendein Stein«, erwiderte der Vagabund, »sondern ein Suppenstein.« »Wollt Ihr damit sagen, dass man mit diesem Stein eine Suppe kochen kann?« »Und was für eine«, erwiderte der Vagabund, »so etwas Feines habt Ihr sicher Euer Lebtag noch nicht gegessen. Aber ein wenig Verstand ist dabei schon vonnöten.« »Könnt Ihr mir wohl zeigen, wie Ihr diese Suppe zubereitet?« »Es gibt nichts, was ich lieber täte«, erwiderte der hungrige Vagabund, ging ins Haus, nahm den Topf mit dem sauberen Wasser, stellte ihn auf den Herd und legte den Stein hinein. »Das wird eine feine Suppe«, murmelte er, »doch etwas Salz und Pfeffer würden sie noch besser machen.« Die Frau, die aufmerksam zuschaute, dass ihr auch nicht ein Handgriff entgehe, griff schnell nach den Gewürzen und reichte sie ihm. »Die Suppe scheint ein wenig dünn zu sein, mit einem Löffel Mehl würde sie sämiger.« Es dauerte nur einen Augenblick, bis er das Gewünschte in die Suppe rühren konnte. »Und da sehe ich einen guten Hammelknochen, den Ihr wohl Eurem Hund geben wolltet. Der Suppe aber würde er erst das richtige Aroma geben.« Die Frau, die nicht daran gedacht hatte, den Knochen ihrem Hund zu verfüttern, weil noch ein mächtiges Stück Fleisch daran hing, reichte ihn dem hungrigen Mann, denn sie wollte sich auf keinen Fall entgehen lassen, wie diese Steinsuppe zustande kam. Der Mann kostete, befand aber, dass noch ein paar Kartoffeln und Kohlblätter fehlen würden. Es dauerte nicht lange, bis er wohl ein halbes Dutzend Kartoffeln schälte und in Würfel schnitt, einen Kohlkopf wusch, die Blätter zerpflückte und alles zusammen in die Sup-

»Um zur Wahrheit zu gelangen, muss man oft mit einer Täuschung beginnen.«

Giacomo Casanova

pe gab und davon kostete. »Der Stein kocht wunderbar aus«, meinte der Vagabund bedächtig, »ein paar Zwiebeln aber würde das Ganze noch abrunden.« Ehe er sich versah, lagen einige Zwiebeln vor ihm. Er schälte sie, schnitt sie klein und gab sie in die brodelnde Brühe.

Dann probierte er noch einmal einen Löffel voll und meinte zufrieden: »Jetzt ist die Suppe fertig. Ihr werdet sehen, dass Ihr noch nie eine so gute Suppe gegessen habt.« Die Frau meinte, dass sie das Mittagessen schon hinter sich habe und keinen Hunger mehr verspüre. Er aber bestand darauf, dass sie von der Suppe kostete, nahm eine Kelle und füllte der Frau eine kleine Schüssel voll. Dann langte er selbst kräftig zu und leckte sich dabei immer wieder die Lippen. »Die Suppe schmeckt einzigartig«, erwiderte die Frau, »könnt Ihr mir diesen wundersamen Suppenstein nicht verkaufen?« »Ich will ihn euch schenken«, meinte der Vagabund mit großzügiger Miene. »Ihr seid zu gütig.« Die Frau war sichtlich gerührt. »Dann müsst Ihr mir aber auch eine Freude machen.« Sie nahm ein großes Stück Speck, etwas Tabak und ein Fläschchen mit selbst gebranntem Schnaps und drückte sie dem Gast in die Hand. Der steckte die·Geschenke schnell unter seinen zerrissenen Umhang, dankte der Frau, reichte ihr die Hand zum Abschied und machte sich eilig wieder auf den Weg.

Die Frau aber erzählte ihren Nachbarinnen immer und immer wieder von dem Fremden mit dem Suppenstein. Da sie sich die Reihenfolge der Zutaten, mit denen er die Suppe gekocht hatte, haarscharf eingeprägt hatte, gelangen ihr die Suppen mit dem Suppenstein stets vorzüglich, sodass sie von vielen im Dorf darum beneidet wurde.

Aus Irland

»Wir brauchen den Geist
der Güte, um bei jeder
unserer Handlungen den
Himmel zu erreichen.«

Indianische Weisheit

DIE NÄCHTLICHE WACHE

Es war einmal ein sehr reicher Mann, der nichts anderes im Sinn hatte, als nur immer noch mehr Geld zu scheffeln. Bei seiner ewigen Sucht nach Hab und Gut verkaufte er sogar dem Teufel seine Seele. Eines Tages nun klopfte ein armer Mann an seine Tür und bat ihn um einen Scheffel Getreide. Der Reiche, der inzwischen alt geworden war und sein Ende nahen sah, sprach zu dem Armen: »Ich gebe dir zehn Scheffel, wenn du mir versprichst, dereinst drei Nächte an meinem Grab zu wachen.« Der Arme gab dem reichen Mann sein Wort, nahm die zehn Scheffel Getreide entgegen, dankte und brachte sie nach Hause, damit seine Frau davon Brot backen und den Kindern zu essen geben konnte. Da verzieh Gott dem reichen Mann.

Kurze Zeit darauf starb der geizige Reiche. Der arme Mann hatte sein Versprechen nicht vergessen und begab sich des Nachts zu der Grabstelle, um bei dem Verstorbenen zu wachen. Die ganze Nacht über betete er für das Seelenheil des Toten; sobald sich aber die Morgendämmerung zeigte, ging er in Frieden nach Hause. Die ersten beiden Nächte geschah nichts. Aber als in der dritten Nacht die Turmuhr Mitternacht schlug, trat aus dem dunklen Gebüsch plötzlich ein Soldat zu ihm. Der Arme fuhr vor Schreck zusammen und bangte um sein Leben, denn er konnte ja nicht wissen, dass es Gott war, der ihm bei der Wache beistehen wollte. Der Soldat fragte den Armen, was er dort mache. »Ich halte Totenwache, weil ich es dem Mann zu Lebzeiten zugesagt hatte«, erwiderte der Arme, »denn als ich nicht mehr aus noch ein wusste und ihn um ein Almosen bat, war er so gütig, mir eine überaus reichlich bemessene Menge Korn zu geben. Nur dadurch konnten meine Frau und meine Kinder vor dem Hungertod bewahrt bleiben.« »So wollen wir denn hier zusammen wachen«, sagte der Soldat und blieb bei ihm.

Es dauerte nicht lange, als es in der Dunkelheit knackte und raschelte. Mit einem Mal stand der Teufel vor ihnen und verlangte, dass man ihm den Toten überlassen möge, denn dieser habe ihm zu Lebzeiten seine Seele verkauft. Da erwiderte der Soldat: »Hier siehst du ein Fass, wenn du das mit Gold gefüllt hast, so sei die arme Seele dein.« Der Teufel war einverstanden und verschwand sofort. Indes schlug der Soldat dem Fass geschwind den Boden aus und hängte es an den Ast eines Baumes, der sich über einen Abgrund neigte. Der Teufel kam mit zwei Säcken voller Gold zurück und schüttete sie in das Fass. Der Soldat aber schalt den Teufel, dass diese Menge ja wohl kaum ausreichen würde. Geschwind machte sich der Teufel erneut auf den Weg, um nun mit noch mehr Gold aufzutauchen. Aber er hoffte vergebens, dass die Münzen und Taler dieses Mal genügen würden, denn sie fielen ja alle den Abgrund hinunter. Jetzt holte der Teufel einen Karren nach dem anderen mit Gold, aber immer noch konnte er das Fass nicht füllen. Als der erste Strahl des Morgenlichts erschien, musste er weichen. So rettete Gott die Seele des reichen Mannes, da dieser sich einmal in seinem Leben als gütig und barmherzig erwiesen hatte.

Aus Spanien

» Tanze, wenn das Glück
dir pfeift. «

Volksweisheit

FÜNF GROSCHEN DES KÖNIGS

Es war einmal ein Bauer, der einen großen Acker bewirtschaftete. Eines Tages nun kam der König auf dem Weg zur Jagd an eben jenem Landgut vorbei und fragte den Bauern, wovon er lebe. »Ich verdiene zwölf Heller am Tag, die teile ich in drei Teile. Vier Heller gebe ich meinen alten Eltern, die nicht mehr arbeiten können; vier verwende ich für den täglichen Unterhalt von meiner Frau und mir und vier sind für meine Kinder da.« Dem König gefiel diese Antwort. Er beschwor den Bauern, niemandem zu sagen, wie er sich sein Einkommen einteile, ohne zuvor einhundert Mal das Gesicht des Königs gesehen zu haben. Der Bauer zuckte mit den Schultern und nickte zum Zeichen seines Einverständnisses.

Als der König wieder daheim auf seinem Schloss war, ließ er all seine Edelleute am Hofe zusammenrufen und fragte sie, wer wohl seinen täglichen Lohn von zwölf Hellern in drei Teile aufteile und was er damit machen würde. Die Edelleute überlegten hin und her, berieten sich untereinander, aber es dauerte eine ganze Weile, bis sie herausfanden, wen der König wohl gemeint haben müsse. Eilig liefen sie zu dem Bauern und fragten ihn, wie er es mit seinem täglichen Verdienst hielte. Der Bauer dachte nicht lange nach und forderte von den Edelleuten einhundert goldene Taler. Die Edelleute zögerten zunächst und wollten diese hohe Summe nicht herausrücken, doch schließlich blieb ihnen nichts anderes übrig, als ihm den geforderten Betrag zu zahlen. Der Bauer betrachtete die glänzenden Münzen eine Weile, dann gab er preis, wie er seinen Lohn einteilte. Die Edelleute eilten zum König und erzählten es ihm. Da ließ der König den Mann auf der Stelle zu sich bringen und schalt ihn einen Lügner und Betrüger, da er den Edelleuten das Geheimnis zwischen ihnen beiden erzählt habe, ohne vorher hundert Mal des Königs Gesicht gesehen zu haben.

»Das stimmt nicht«, erwiderte der Bauer, denn er habe von den Edelmännern einhundert goldene Münzen bekommen und jeder sei ja das Angesicht des Königs aufgeprägt. »Du bist ein pfiffiges Kerlchen«, erwiderte der König lachend, »du darfst dir etwas wünschen.« »Ich möchte gern von jedem Mann, der Angst vor seiner Frau hat, fünf Groschen bekommen, davon werde ich leben können.« »Um mehr bittest du nicht?« Der König war erstaunt. »Nein, Majestät, das genügt mir.« Sofort erließ der König ein entsprechendes Dekret. Von dem Augenblick an hagelte es nur so Fünfgroschenstücke, dass der Bauer reicher und reicher wurde. Er konnte es sich sogar leisten, in einer eigenen Kutsche spazieren zu fahren. Eines Tages kam er damit am Palast vorbei. Da ließ ihn der König zu sich rufen und fragte, wie es denn möglich sei, dass er so reich wäre, wo er doch von jedem Mann, der Angst vor seiner Frau habe, nur fünf Groschen bekäme. Gerade hob der Mann mit dem Erzählen an, da trat die Königin in den Saal. »Sprich leise, die Königin!«, flüsterte der König. »Ihr also auch, königliche Hoheit«, lachte der Bauer, »nun rückt mal ganz schnell fünf Groschen heraus!« Dem König blieb nichts anderes übrig, als dem Bauern die Groschen zu geben. Dieser aber lebt heute noch vergnügt vor sich hin – ohne jemals in Geldnot geraten zu sein.

Aus Portugal

»Aufrichtigkeit ist die verwegenste Form der Tapferkeit.«

William Somerset Maugham

MEHR ALS GLÜCK
UND VERSTAND

Eines Tages stritten das Glück und der Verstand miteinander, wer wohl der größere Freund des Menschen sei. Als sie ins Gespräch vertieft gemeinsam einen Weg entlanggingen, kamen sie an einem Acker vorbei, auf dem ein gut aussehender, braun gebrannter junger Mann in der Mittagssonne versuchte, den harten Boden umzugraben. Dabei lief ihm der Schweiß nur so über die bloße Brust. Nacheinander stellten sich das Glück und der Verstand ihm vor. »Welchen von uns beiden möchtest du zum Freund haben, das Glück oder den Verstand?«

»Ich habe den Kopf voll mit sorgenvollen Gedanken«, überlegte der Jüngling, »aber etwas Glück könnte ich schon gebrauchen, damit ich mich endlich einmal satt essen kann.« Kaum hatte er also das Glück als seinen Freund erwählt, da hörte er beim nächsten Spatenstich einen dumpfen Klang. Er bückte sich, schaufelte die Erde beiseite und grub eine große Kiste aus. Als er sie öffnete, wurde er fast geblendet, denn ihm schimmerte pures Gold entgegen. Überglücklich nahm er einen Teil davon, eilte auf den Markt und kaufte sich prachtvolle Gewänder, Sklaven und edle Rösser, dazu einen Esel, der mit kostbar bestickten Decken belegt war. Zum Ausgangspunkt zurückgekehrt, band er die Schatztruhe auf den Rücken des Esels und ritt mit seiner neuen Gefolgschaft wieder in Richtung Stadt.

Da begegnete er dem König, der mit seinem Tross gerade aufgebrochen war, um sich auf das Land zu begeben. Als der junge Mann den König sah, sprang er sofort von seinem Pferd ab, grüßte ehrerbietig und übergab dem König den prächtig gezäumten Esel mitsamt dem Schatz. Der König dachte, dass der junge Mann sicher auch ein König sei, der gekommen war, um seine Tochter zu heiraten, denn die Schönheit der Prinzessin wurde weit über die Grenzen des Landes gerühmt. So sprang der König ebenfalls von seinem Pferd, begrüßte den anderen, nahm ihn mit in seinen Palast und gab ihm schon nach kurzer Zeit seine Tochter zur Frau. Die beiden sollen auch ein vornehmes Haus bekommen, damit sie in Freuden gemeinsam wohnen, dachte der König und ließ ein prächtiges Gebäude errichten und mit den feinsten Möbeln und Teppichen ausstatten. Als die Diener des

Königs den jungen Mann dort hineinführten, war dieser über die ganze Herrlichkeit, die sich seinen Augen bot, so erschrocken, dass er bestürzt zurücktaumelte. Die Diener berichteten ihrem Herrn von seinem sonderbaren Verhalten. Nun, sprach der König zu sich, vermutlich ist mein Schwiegersohn größeren Pomp gewohnt, ich will ein weiteres Haus errichten lassen. An den Decken glitzerten Leuchter aus geschliffenem Kristall und die Kissen und Decken schimmerten in reinster Seide.

Als der junge Mann diese Pracht sah, schrak er wiederum vor all dem Glanz zurück, der sich vor seinen Augen ausbreitete. Natürlich teilten die Diener dem König eiligst dieses Verhalten mit. Der König war erstaunt, aber er ließ sofort ein drittes, noch prunkvolleres Haus bauen, bei dessen Betreten der Jüngling ganz die Fassung verlor. Niemand bei Hofe konnte sich das sonderbare Verhalten des jungen Mannes erklären. So ließ der König noch ein viertes, fünftes und sechstes Gebäude errichten, eines prächtiger und edler als das andere. Doch bei jedem zeigte sein Schwiegersohn die gleiche heftige Reaktion. Nun aber war der König mit seiner

Geduld am Ende. Er ließ noch ein siebtes Haus erbauen, ein Schloss, wie es noch kein Mensch auf der Erde je zu sehen bekommen hat. Der König nahm es selbst in Augenschein und war sehr glücklich und stolz über diesen kostbaren Bau mit den prachtvollen Sälen, den fein geschnitzten Möbeln, den Vorhängen aus purpurfarbenem Samt und dem Geschirr aus reinem Gold. »Wenn meinem Schwiegersohn auch dieser Palast nicht gut genug ist, werde ich ihn morgen töten lassen, wenngleich er der Mann meiner Tochter ist«, murmelte er vor sich hin.

Die letzten Worte hatte einer der Palastwachen gehört und hinterbrachte dem jungen Mann sofort die Nachricht von seiner vermeintlich bevorstehenden Hinrichtung, ohne dass dieser einen Grund dafür erkennen konnte. Als er sich verzweifelt auf seinem Bett hin und her wälzte, kamen wieder die beiden Freunde Glück und Verstand des Weges. Da sagte der Verstand zum Glück: »Morgen wird dein Freund hingerichtet, obwohl du so viel für ihn getan hast.« Das Glück war tief erstaunt über diese Botschaft und sagte zu seinem Gefährten: »Komm, wir wollen zu ihm gehen.«

Der Jüngling war hoch erfreut, als er Glück und Verstand eintreten sah. Er sagte: »Das Glück hat mich in eine ausweglose Situation gebracht. Ich werde sterben, weil ich die plötzliche Gesinnung meines Schwiegervaters einfach nicht verstehen kann.« Da meinte das Glück zum Verstand: »Das musst du nun in die Hand nehmen.« Der Verstand nickte und meinte: »Ich will sehen, was ich tun kann.« Dann gingen beide von dannen.

Als der Jüngling am kommenden Morgen in den siebten Palast geführt wurde, sagte er, wie es der Verstand ihm geraten hatte: »Dieses Schloss ist meiner ebenbürtig. Genauso habe ich mir das Haus vorgestellt, in dem ich mit meiner geliebten Frau leben und glücklich werden will. Ich danke meinem Schwiegervater, dem König, aus aufrichtigstem Herzen.« Der König war außerordentlich erfreut über das geänderte Benehmen seines Schwiegersohnes. Als dieser ihn bat, in absehbarer Zeit in seine Vaterstadt reisen zu dürfen, sah er keinen Grund, ihm dieses Ansinnen zu verwehren. Im Gegenteil: Er versprach, ihn dafür mit einer ganzen Flotte und Soldaten auszurüsten.

Einige Monate, nachdem der junge Mann mit seiner Frau in dem prachtvollen Schloss gelebt hatte, sagte er seinem Schwiegervater, dass nun die Zeit seines Aufbruchs gekommen sei. Er bestieg zusammen mit seiner schönen jungen Frau ein prachtvolles Schiff, auf dem es ihnen an nichts fehlte. Begleitet wurde es, wie versprochen, von einer Flotte des Königs und von großen Heeren an Land. Das Schiff fuhr lange Zeit, und der junge Mann hielt immer wieder zu beiden Seiten Ausschau. Schließlich sah er eine prächtige Stadt, gebot, das Schiff anzuhalten, und erklärte: »Dies ist meine Heimatstadt. Meine Familie wurde einst von hier gewaltsam vertrieben, nun wollen wir sie wieder einnehmen.« Der General versprach, diese Angelegenheit zu übernehmen. Es dauerte auch nicht lange, da war die Stadt in den Händen des jungen Mannes. Erhobenen Hauptes schritt er durch die Straßen der Stadt. Er war äußerst erstaunt, denn er hatte sich selbst im Traum nicht vorstellen können, dass es eine so herrliche Stadt überhaupt geben könne. Die Menschen waren vornehm gekleidet und auf den Märkten gab es alles, was sich ein Mensch nur denken konnte. Schließlich gelangte er zum Palast. Hinter der Tür entdeckte er eine Frau. Er fragte sie, wer sie sei und welche Dienste sie dem bisherigen Herrscher gegenüber ausgeübt habe. »Ich bin Ginia Mariam Kuba und ich habe meinen Herrn bisher immer auf den Rücken genommen und in kürzester Zeit dorthin gebracht, wohin er wollte.« Der neue junge König war sehr erfreut über diese Auskunft und sagte ihr, sie könne bleiben.

Nach und nach regelte er die Angelegenheiten der Stadt; er kümmerte sich um das Rechtswesen und die Verteilung des Geldes. Als alles seine Ordnung hatte, beschloss er, seinen Schwiegervater aufzusuchen. Er schwang sich auf den Rücken von Ginia, nannte sein Ziel und war auf der Stelle am Hofe seines Schwiegervaters. Der war nicht wenig erstaunt, den jungen König so unvermittelt bei sich zu sehen, und sagte: »Ich denke, du bist mit deiner Frau in deiner Heimatstadt.« »Die will ich dir jetzt gerne zeigen. Wir haben all die Feinde, die meine Eltern einst vertrieben hatten, davongejagt. Dank der Hilfe deines Generals und seiner Soldaten ist die Stadt jetzt wieder in unserer Hand.« »Aber wie bist du denn so schnell wieder hierher gekommen?« »Das wirst du gleich sehen.« Der junge König winkte Ginia herbei, die im Schatten eines alten Baumes auf ein Zeichen von ihm gewartet hatte.

»Komm, wir steigen auf ihren Rücken.« Und bevor sie sich versahen, betraten sie schon den Palast des jungen Mannes. Der König war tief beeindruckt von all der Pracht und Herrlichkeit, in der sein Schwiegersohn mit seiner Tochter lebte. Er war tief zufrieden in seinem Herzen, sodass er schon bald den Wunsch verspürte, wieder an seinen eigenen Hof zurückzukehren. Der junge König befahl Ginia, seinen Schwiegervater wieder nach Hause zu bringen – und schon nach wenigen Augenblicken hatte der König seinen eigenen Palast erreicht.

Es vergingen nun zwei Jahre, in denen der König Abend für Abend über seine alten Bücher gebeugt saß. Dabei geriet er mehr und mehr ins Grübeln. Ich habe meinen Schwiegersohn nie nach seiner Herkunft gefragt, dachte er bei sich. Es ist sonderbar, denn ich kann über seine Familie nichts finden. Nach einiger Zeit wurde er dermaßen unruhig, dass er ein Schiff bestieg und zu der Stadt reiste, in der das junge Königspaar lebte. Er wurde mit großer Freude und Herzlichkeit empfangen, und man sorgte dafür, dass es ihm an nichts fehlte. Nun fragte der junge König seinen Schwiegervater nach dem Grund seines Besuchs. »Ich habe in vielen alten Büchern gelesen, aber ich konnte dort nichts über deine Eltern und ihr Königreich finden. Morgen wollen wir mit allen Vornehmen der Stadt hier im Palast zusammenkommen. Ich erwarte von dir dafür eine Erklärung, sonst werde ich dich töten lassen.«

Bedrückt schlich der junge König in sein Schlafgemach und sagte zu sich: »Ich habe das Glück und den Verstand als Freunde, aber beide werden mir jetzt nicht helfen können.« Das Glück und der Verstand gingen derweil unter seinem Fenster die Straße entlang, hörten seine Worte und sprachen zueinander: »Hier stoßen auch wir an unsere Grenzen.« Nach langen Stunden tiefer Verzweiflung schlief der junge König schließlich ein. Da erschien ihm im Traum ein Mann, der zu ihm sprach: »Sage die Wahrheit!« Er erwachte, dachte einen Augenblick über diese Worte nach und versank wieder im Reich der Träume. Da erschien ihm der gleiche Mann ein zweites Mal, wiederum mit den Worten: »Sage die Wahrheit!« Erneut schlief er ein und auch zum dritten Mal hörte er die Stimme: »Sage die Wahrheit!« Als er erwachte, sah er noch einmal den Mann vor Augen, den er im Traum erblickt hatte. Immer und immer wieder gingen ihm seine Worte durch den Kopf – und schließlich entschloss er sich, die Wahrheit zu sagen.

Am kommenden Morgen, als alle Vornehmen der Stadt und alle Generäle um den alten König versammelt waren, warf sich der junge Mann vor seinem Schwiegervater auf die Knie und berichtete, wie er einst dem Glück und dem Verstand begegnet war und wie sich dann alles Weitere daraus entwickelt habe. Der alte König war zutiefst erstaunt, aber über die Ehrlichkeit seines Schwiegersohns so glücklich, dass er ihm zwei Länder gab und mit sehr viel Macht ausstattete. Über dem Tor der Stadt, in der sein Schwiegersohn residierte, ließ er folgende Inschrift anbringen: »Wenn ein Mensch Glück und Verstand zu Freunden hat und wenn er dann auch noch ehrlich ist, kann er der König über alle Städte und Länder der Erde werden!«

Aus dem Sudan

UNGLEICHE FREUNDE

Vor sehr langer Zeit hatte einmal eine enge Freundschaft zwischen einem Städter und einem Bauern bestanden. Der Städter hieß Mahmud und der Landmann Hasan. An jedem Sonn- und Feiertag machte sich Mahmud auf den Weg, um seinen Freund zu besuchen. Jedes Mal, wenn er wieder aufbrach, um nach Hause zurückzukehren, richtete ihm Hasan ein Geschenk, das er mitnehmen sollte. Einmal waren es herrliche Bananen und Papayas, ein anderes Mal ein ganzer Korb voll mit Kartoffeln, Kohl und Bohnen, wieder ein anderes Mal ein frisch geschlachtetes Huhn. Einem guten Freund gibt man eben von dem Besten, das man hat, dachte Hasan in seiner Großzügigkeit.

Nun geschah es, dass Hasan eines Tages heiratete. Natürlich war auch Mahmud zu dem großen Fest eingeladen. Als die Hochzeitszeremonien vorüber und die Feierlichkeiten zu Ende waren, stellte Hasan seinem Freund eine ganze Fülle an Leckereien von seinem Landgut bereit: Gemüse und Früchte, vier fette Hühner, die er in der Frühe selbst geschlachtet hatte, und mehr als drei Dutzend Hühner- und Enteneier. Ein Gehilfe musste den Gast mit einem Pferd begleiten, weil Mahmud die umfangreichen Gaben nicht allein nach Hause schaffen konnte. Hasan selbst erwies seinem Freund die Ehre und begleitete ihn bis zur Hauptstraße. Auch am Sonntag nach der Hochzeit war Mahmud natürlich wieder bei Hasan zu Gast – und wurde wie jedes Mal bei seinem Aufbruch mit den feinsten Köstlichkeiten bedacht. »Wer ist denn der Herr, der an jedem Wochenende aus der Stadt kommt und dem gegenüber du dich stets so freigebig erweist?«, wollte seine Frau wissen »Das ist mein lieber Freund Mahmud aus der Stadt«, erwiderte Hasan stolz. »Hast du denn Mahmud auch schon einmal bei sich zu Hause besucht?« Hasan schüttelte den Kopf. »Mahmud ist so ein guter Freund, der nimmt es mir sicher nicht übel, wenn ich seine Besuche nicht erwidere.«

Der Frau gelang es indes, ihren Mann dazu zu überreden, auch einmal zu seinem Freund in die Stadt zu reisen. Hasan kleidete sich in seine feinsten Gewänder und machte sich auf den Weg. Als er das Haus Mahmuds erreicht hatte, band er seinen Schimmel an dem Baum vor dem Haus an; dann trat er bei seinem Freund ein, grüßte und setzte sich in den Sessel, der ihm ange-

»Eigennutz ist die Klippe,
an der jede Freundschaft
zerschellt.«

Ludwig Tieck

wiesen wurde. Ihm fiel auf, dass Mahmud bei Weitem nicht so heiter und gelöst war wie bei seinen Besuchen auf dem Land. Sie hatten noch nicht lange beim Essen gesessen, als Mahmud scheinbar bedrückt mit der Sprache herausrückte: »Heute ist etwas Schlimmes passiert. Der Herrscher ist sehr zornig, weil sein Schimmel verschwunden ist. Er hat all denen, die einen Schimmel reiten, angedroht, sie zu schlagen oder gar umbringen zu lassen. Du weißt ja, wie roh die Soldaten des Königs sind. Ich mache mir nun wirklich die größten Sorgen um dich, guter Freund, dass dir etwas zustoßen könnte. Aber gerade deshalb darf ich dir die große Gefahr, in der du schwebst, ja auch nicht verschweigen.«

Zutiefst erschrocken sprang Hasan auf, dankte dem Freund für seine aufrichtigen Worte aufs herzlichste, schwang sich auf seinen Schimmel und ritt eilig wieder heim. Seine Frau war sehr erstaunt, ihren Mann schon so bald zurückkommen zu sehen. Hasan erzählte ihr von der Warnung seines Freundes, nicht ohne ihn und seine Fürsorglichkeit zu loben. Die Frau, die allmählich die Zusammenhänge durchschaut hatte, nickte nur und pries in ihrem Herzen den Edelmut ihres Mannes. Am kommenden Sonntag ritt Mahmud wieder zu seinem Freund aufs Land. Nun begab es sich, dass Hasan zu dieser Zeit gerade hinter dem Haus im Garten arbeitete; seine Frau aber saß vor dem Haus. »Wo ist denn Hasan?«, fragte Mahmud. »Pst, nicht so laut! Hasan darf dich nicht hören. Es ist etwas Schreckliches passiert. Du wirst es kaum glauben, aber Hasan ist wahnsinnig geworden und droht, jeden zu erschlagen, der ihm zu nahe kommt. Ich bin hier, um dich vor ihm zu warnen.« In diesem Augenblick kam Hasan aus dem Garten. Da Mahmud der Frau die Geschichte glaubte, lief er schnell davon. Da fragte Hasan seine Frau: »Wer war denn gerade da, mit dem du gesprochen hast?« »Das war Mahmud.« »Was wollte er denn?« »Er wollte einen Stampfer. Ich bat ihn, im Garten auf dich zu warten, aber er hatte es eilig, weil er noch etwas anderes zu erledigen hat, deshalb ist er gleich wieder aufgebrochen.« »Warum hast du ihm keinen Stampfer gegeben, wir haben doch genug davon?« Schon hatte Hasan einen Stampfer aus dem Haus geholt und lief seinem Freund hastig hinterher. Dieser aber fürchtete, sein wahnsinniger Freund wolle ihn mit dem Stampfer erschlagen und rannte nur umso schneller. So hasteten die beiden Freunde eine Weile hintereinander her. Doch Mahmud war in seiner Angst so schnell, dass Hasan ihn nicht einzuholen vermochte.

Betrübt, weil er dieses Mal seinem Freund kein Geschenk hatte mitgeben können, kehrte Hasan nach Hause zurück. Mein Freund wird zornig auf mich sein, weil er nicht das von mir bekommen hat, was er begehrt, dachte er betrübt. Wie aber stand es um Mahmud? Er war kreideweiß, als er sein Haus erreichte. Zum einen von der Anstrengung des Laufens, zum anderen aus der Angst vor seinem, wie er glaubte, irren Freund, sodass er tatsächlich für einige Tage krank danieder lag. Da er von Hasans Wahnsinn überzeugt war, ließ er sich in Zukunft nicht mehr auf dessen Hof blicken. Währenddessen wartete Hasan an jedem Sonntag auf seinen Freund, wagte aber nicht, ihn in der Stadt aufzusuchen, weil er glaubte, dieser sei immer noch zornig auf ihn. So endete die Freundschaft zwischen den beiden Männern, die in ihrer Ungleichheit eigentlich nie eine gewesen war.

Aus Indonesien

ALLE WEISHEIT DER WELT

In Ghana lebte einmal ein Spinnenmännchen mit Namen Kwaku Ananse, das immer wieder über die Weisheit vieler Menschen und Tiere erstaunt war. Im Stillen ärgerte es sich darüber, sodass es eines Tages beschloss, alle Weisheit der Welt zu sammeln. Dazu holte es von daheim einen großen Tontopf. Einige Jahre lang lief es nun durch die Welt und stellte Menschen und Tieren immer wieder neue Fragen. Erhielt es eine Antwort, die ihm weise erschien, so öffnete es den Tontopf und flüsterte sie hinein; schien ihm die Antwort dumm, so hielt es den Krug verschlossen. Als es nun glaubte, alle Weisheit der Welt in seinem Topf eingefangen zu haben, begab es sich frohgemut auf den Heimweg, um seine Familie an dem gesammelten Wissen teilhaben zu lassen. Den ganzen weiten Weg sang es vergnügt vor sich hin: »Kwaku Ananse ist weiser als alle Götter zusammen.«

Als es die runden Hütten seines Heimatdorfes erreicht hatte, wollte es seinen Schatz zunächst einmal im Wald verbergen, um nach einigen Tagen mit seiner Familie dorthin zu ziehen und das wundervolle Geheimnis vor

»Man kann schlauer sein als andere, aber niemals schlauer als alle anderen zusammen.«

François de La Rochefoucauld

ihnen zu lüften. Nach langem Suchen entschied es sich, den Topf in den Zweigen des höchsten Baumes aufzuhängen. Es fand eine hohe Schlingpflanze, mit deren Hilfe er sich den Krug um den Bauch band, um so in die Äste des Baumes vorzudringen. Doch der Topf war so schwer, dass es sich immer und immer vergeblich darum bemühte, auch nur den Stamm des Baumes zu erreichen, denn bei jedem Versuch fiel es auf den Rücken und strampelte nur so mit den Beinchen in der Luft.

Nun begab es sich, dass ein Hase vorbei kam, der sich dieses Treiben des Spinnenmännchens eine Weile aus gepflegtem Abstand heraus angesehen hatte. Als das Spinnenmännchen gerade wieder mit seinen Beinen in der Luft zappelte, dachte der Hase, er müsse seinem Waldgefährten zu Hilfe eilen. Er hoppelte etwas näher heran, half dem Spinnenmann wieder auf die Beine und fragte: »Hallo, Kwaku Ananse, was machst du denn da die ganze Zeit?« »Ich versuche, den Krug auf dem Baum zu verstecken.« »Was ist denn so Wichtiges darin, dass du dich dermaßen anstrengen musst?« »Das kann ich dir nicht sagen, denn sonst müssten wir beide sterben.« »Nun, dann will ich es auch gar nicht wissen«, gab sich der Hase zufrieden. »Ich habe hier nun eine Weile im Gras gesessen und dir zugesehen, wie du vergeblich versuchst, den Topf auf den Baum zu bringen. Sag, wäre es nicht viel geschickter, wenn du dir den Krug auf den Rücken binden würdest?« »Was sagst du da? Jahrelang habe ich mich nun bemüht, alle Weisheit der Welt zu sammeln, und nun kommst du daher und bist doch klüger als ich.« Traurig und zornig zugleich nahm Kwaku Ananse den Topf und warf ihn mit aller Kraft gegen den Baum, sodass er in tausend Scherben zersprang. »Möge die Weisheit sich nun in alle Welt verflüchtigen«, wetterte es, stampfte mit einem Fuß nach dem anderen auf und machte sich mit den Tränen der Enttäuschung in den Augen durch das hohe Gras auf dem Heimweg.

Aus Ghana

DAS HEILSAME ERSCHRECKEN

In längst vergangenen Zeiten gab es die Sitte, dass die Söhne ihre Väter auf den Rücken nahmen, einen Berg hoch trugen und sie dort zum Sterben niederlegten, sobald diese zu gebrechlich waren, um noch irgendeine Arbeit zu verrichten. So trug es sich, diesem Brauch nach, in einem fernen Dorf wieder einmal zu, dass ein junger Mann seinen alten Vater zur Seite nahm und ihm sagte, dass nun die Stunde gekommen sei, in der er ihn auf den Berg tragen müsse, damit er dort sterbe. Der Alte sagte nichts, doch liefen ihm die Tränen der Trauer und des Schmerzes still über das Gesicht. Indes suchte der Sohn nach einer warmen Decke, nahm sie und seinen Vater auf die Schultern und machte sich auf den Weg. Es waren wohl Stunden vergangen, als sie zu einer freundlichen Lichtung im Wald kamen. Der junge Mann quälte sich die letzten Schritte mit der schweren Last auf seinen Schultern, dann legte er den Alten auf das warme Gras und gab ihm die Decke, damit er sich gegen die Kälte der Nacht schützen könne.

»Hast du ein Messer bei dir?«, fragte der Vater seinen Sohn. »Ja, Vater, aber wozu braucht Ihr es?« »Nimm das

Messer und schneide die Decke, die du mir eben gegeben hast, in zwei gleich große Teile. Die eine Hälfte lässt du mir hier oben. Die andere nimmst du wieder mit nach Hause, damit auch du dich wärmen kannst, wenn dein Sohn dich eines Tages diesen Berg hinaufträgt.« Der Sohn war angesichts der Worte seines Vaters tief erschrocken. Er besann sich einen Augenblick, dann lud er den Vater mitsamt der Decke wieder auf den Rücken und trug ihn nach Hause zurück. Damit hatte dieser unselige Brauch für alle Zeiten ein Ende gefunden.

Aus Portugal

»Mein Sohn, nimm dich
deines Vaters im Alter an.
Auch wenn sein Verstand
abnimmt, sieh es ihm nach
und verachte ihn nicht.«

Aus dem Buch Ben Sirach

»Aus einem guten Rat
Gewinn zu ziehen,
erfordert mehr Weisheit
als einen zu geben.«

Volksweisheit

DIE RATSCHLÄGE DES WEISEN

Vor sehr langer Zeit lebte einmal in einem fernen Wäldchen ein Ehepaar mit seinem heranwachsenden Sohn. Der Mann war immer wieder auf der Suche nach einer anständigen Arbeit, aber all sein Bemühen blieb ergebnislos. So blieb ihm in seiner Not nichts anderes übrig als zu betteln, um die Familie einigermaßen durchzubringen. Nun war Betteln in dem Land, in dem er lebte, streng verboten. So geschah es, dass er schon bald festgenommen wurde und für drei Tage ins Gefängnis musste. Als er entlassen worden war, hatte er keine andere Wahl, als erneut um Almosen zu bitten. Nach kurzer Zeit wurde er abermals verhaftet und geriet wiederum für drei Tage ins Gefängnis. Man kann sich denken, wie elend ihm zumute war, denn in diesen Tagen konnte er seiner Familie nun gar kein Geld für das tägliche Auskommen geben. Kaum war er wieder auf freiem Fuß, tat er alles, um ehrliche Arbeit zu finden, doch es blieb vergebens. So stand er in seiner Not bald erneut auf der Straße und bat um eine kleine Spende. Da er sich, dem Richter nach, nicht bessern wollte, verurteilte er ihn dieses Mal zu drei Jahren Zuchthaus. Für seine Frau und seinen

Sohn würde gesorgt, versprach man ihm. Zumindest darüber war der Mann erleichtert.

Nun waren eines Tages auch diese drei Jahre verstrichen, und der Mann wurde aus dem Gefängnis entlassen. Für die Arbeit, die er dort geleistet hatte, zahlte man ihm dreihundert Gulden. Schnell machte er sich auf den Weg, um nach Hause zu kommen. Unterwegs begegnete ihm ein uraltes Männlein, das hatte viele Runzeln im Gesicht und einen langen schneeweißen Bart. Genüsslich zog es an seiner Pfeife.

»Guten Tag«, sagte der Mann.

»Guten Tag«, erwiderte das Männlein. »Wohin bist du denn so eilig unterwegs?«

»Ich möchte so schnell wie möglich meine Frau und meinen Sohn wiedersehen.« »So, so«, sagte das Männlein. Und da der Mann seit langer Zeit mit keiner Menschenseele mehr ein Wort gewechselt hatte, erzählte er dem Alten seine ganze Geschichte.

»So, so.« Der Alte zog wiederum an seiner Pfeife. »Darf ich dir einen guten Rat geben?« Ein guter Rat ist nie zu verachten, dachte der Bettler und nickte. »Er ist aber nicht umsonst zu haben. Du musst mir einhundert Gulden dafür geben.« Nun, einhundert Gulden sollte ihm der Rat schon wert sein. Er kramte die Summe aus der Tasche und gab sie dem Alten. »Wenn du unterwegs Leute triffst, die dich überreden wollen, eine Abkürzung zu nehmen, so darfst du dich nicht darauf einlassen. Nimm immer die Straße, die zur Stadt führt!« Der Bettler dankte, und wollte sich gerade wieder auf den Weg machen, da bemerkte das alte Männlein, es wisse noch einen weiteren Rat. »Er kostet dich aber noch einmal hundert Gulden.« »Nur zu!« Der Bettler suchte wieder hundert Gulden zusammen und zählte sie dem Alten in die Hand. »Wenn du auf deiner Reise eine Unterkunft findest, in der ein sehr alter Mann und eine hübsche junge Frau wohnen, so verweile dort nicht, sondern suche dir ein anderes Nachtquartier!« Der Bettler dankte und wollte seine Reise gerade fortsetzen, als der Alte anhob. »Es gibt noch einen dritten Rat, den ich dir geben kann. Aber er kostet wiederum einhundert Gulden.« Der Bettler zögerte eine Weile. Wenn er auch diesen Rat erwerben würde, käme er völlig mittellos heim. Doch schließlich willigte er ein. Das Männlein sagte:

»Wenn du dein Haus erreichst, so sollst du dich nicht von Zorn überwältigen lassen. Zieh dich eine Weile in den Wald zurück, atme tief durch, beruhige dich und kehre erst dann zu deiner Frau zurück. Denn in deiner Wut wärest du imstande, einen Mord zu begehen, und das soll um jeden Preis verhindert werden.« Nach diesen Worten gab er dem Bettler zwei Brote: das eine sei die Wegzehrung, das andere solle er seiner Frau geben. Dann nahm er auch die letzten hundert Gulden des Bettlers in Empfang und verschwand.

Der Bettler war sehr betrübt darüber, dass er nun ohne einen einzigen Kreuzer nach Hause käme, und fürchtete, bald wieder betteln zu müssen und erneut ins Gefängnis zu wandern. Mit beklommenem Herzen machte er sich wieder auf den Weg. Da traf er drei Trompeter, die fröhlich in ihre Instrumente bliesen und bester Dinge waren. »Wo musst du denn hin?«, fragten sie den Bettler. Er nannte den Namen der Stadt. »Das trifft sich gut«, meinten sie, »da haben wir den gleichen Weg. Wir kennen sogar eine Abkürzung durch den Wald.« Der Bettler nickte zunächst zustimmend, dann aber fiel ihm der Rat des alten Mannes wieder ein. »Geht Ihr nur Euren Weg, ich nehme die Straße.« Mit diesen Worten verabschiedete er sich von den drei Musikanten. Inzwischen war die Dämmerung angebrochen und er fürchtete, sein Zuhause an diesem Tag nicht mehr zu erreichen. Ich muss mir wohl ein Quartier für die Nacht suchen, dachte er. Er schien Glück zu haben. Schon nach der nächsten Abbiegung sah er ein kleines Wirtshaus am Rande liegen. Er klopfte und wurde von einem sehr alten Mann empfangen. Gerade wollte er sich an einem der Gasttische niederlassen und um ein Glas Wasser bitten, da kam eine sehr junge Frau die Stiege hinab. Einen Augenblick lang dachte der Bettler, dies sei die Tochter des Wirts. Doch da sah er, dass die junge Frau den Alten auf den Mund küsste. Mit einem Mal entsann er sich des zweiten Rates, für den er einhundert Gulden gezahlt hatte, stand auf und verließ die Schenke. Müde wie er war, hielt er nach einer anderen Herberge Ausschau, doch vergeblich. Schließlich entdeckte er eine Scheune, kroch auf das Stroh und war froh, wenigstens nicht im Freien übernachten zu müssen. Plötzlich hörte er ganz in seiner Nähe männliche Stimmen. Er machte keinen Mucks, damit ihn niemand entdecken konnte, denn er fürchtete, überfallen und umgebracht zu werden. Da hörte er, wie einer der Männer sprach: »Eben hat die Turmuhr Mitternacht geschlagen, jetzt müssen wir aufbrechen und die Sache hinter uns bringen. Ich habe das Messer schon gewetzt.« Dem Bettler stockte der Atem. Das waren doch die Stimmen der drei Trompeter, die ihn eingeladen hatten, die Abkürzung zu nehmen. Hatten sie es etwa auf ihn abgesehen? »Der abgerissene Bursche, den wir vorhin getroffen haben, muss das Gasthaus längst erreicht haben. Wenn wir den Wirt umgebracht und die Kasse geleert haben, legen wir das Messer neben ihn.« Mit einem unterdrückten Gelächter brachen sie auf.

An Schlaf war nicht zu denken in dieser Nacht. Kaum fielen die ersten Sonnenstrahlen auf die Lichtung, erhob sich der Bettler und eilte davon. Endlich hatte er sein Haus erreicht. Bevor er klopfte, sah er durch das Fenster. Aber was musste er dort erblicken? Seine Frau saß am Esstisch; ihm zugewandt aber entdeckte er den breiten Rücken eines Mannes. Hat sie sich doch mit einem anderen getröstet?, ging es ihm durch den Sinn. Er geriet in rasende Wut; am liebsten wäre er in das Haus gestürmt und hätte den fremden Kerl erwürgt. Zum

Glück besann er sich gerade noch rechtzeitig auf den dritten Rat des alten Weisen und schlich sich rückwärts von dem Haus zurück. Er ging ein Stück durch den Wald und atmete tief durch. Als er sich wieder beruhigt hatte, klopfte er daheim an die Tür. Seine Frau freute sich über alle Maßen, dass er endlich wieder daheim war. Immer und immer wieder umarmte und küsste sie ihn. Und der Fremde, von dem er nur den Rücken gesehen hatte? In ihm erkannte er seinen Sohn wieder, der in den letzten Jahren vom Knaben zum Mann gereift war. Da lagen sie sich alle drei in den Armen. Er legte das Brot auf den Tisch, das ihm der Alte für seine Frau gegeben hatte. Da sie alle mächtigen Hunger verspürten, schnitten sie es sogleich auf. Und was sahen sie da? Das Brot war innen hohl – und heraus fielen dreihundert Gulden.

Aus Friesland

»Weh den Menschen,
wenn nur ein einziges Tier
im Weltgericht sitzt.«

Christian Morgenstern

DER LÖWE UND DIE MAUS

Auf einem Berg lebte einmal ein Löwe. Eines Tages begegnete er auf seinen Streifzügen einem Leoparden, dessen Fell ganz blutig war. »Was ist denn mit dir passiert?«, fragte der Löwe den Leoparden mitleidig, »du siehst ja fürchterlich geschunden aus.« »Das ist der Mensch gewesen«, antwortete der Leopard, er wollte mich zur Strecke bringen, um sich aus meinem Fell ein Gewand zu machen. Glaub mir, es gibt nichts Boshafteres und Heimtückischeres auf der Welt als den Menschen! Hoffentlich fällst du ihm nie in die Hände.« Der Löwe wurde sehr wütend auf den Menschen und stieg von seinem Berg hinab, um einen Menschen ausfindig zu machen.

Unterwegs begegnete er einem Pferd und einem Esel, die im Zaum lagen. »Wer um alles in der Welt hat euch denn diese Lederriemen und eisernen Gebisse angelegt?« »Das ist der Mensch gewesen«, antworteten die beiden Tiere. »Sie spannen uns damit vor schwere Wagen, die wir den Berg hinaufziehen müssen. Glaub uns, es gibt nichts Boshafteres und Heimtückischeres auf der Welt als den Menschen! Hoffentlich fällst du ihm nie in die

Hände.« Jetzt wurde der Löwe noch wütender. Als Nächstes traf er einen Stier und eine Kuh, deren Hörner gestutzt waren. Beide trugen ein Joch. Wieder erfuhr er, dass das des Menschen Werk sei, damit sie Tag für Tag schwere Lasten schleppen konnten.

Als Nächstes begegnete er einem Bären, dem die Menschen in der Gefangenschaft die Krallen abgeschnitten und die Zähne herausgebrochen hatten, damit sie ihn zur Belustigung vorführen konnten, ohne selbst in Gefahr zu geraten. Die Wut des Löwen schwoll noch mehr an. Als er weitergelaufen war, vernahm er plötzlich ein lautes Stöhnen. Da lag ein anderer Löwe, eingeklemmt in ein Holz, dem er nicht entkommen konnte. »Was ist denn mit dir passiert?«, fragte der Löwe seinen Artgenossen. »Die Menschen haben mir diese Falle gestellt. Nun werden sie bald kommen und mich erschlagen und mein Fell und meine Zähne auf dem Markt verkaufen.« Blind vor Wut auf den Menschen machte sich der Löwe wieder auf den Weg, als er plötzlich in eine Grube stürzte. Ein Jäger hatte sie ausgehoben und auch noch mit einem Netz Fallen aufgestellt. Schon bald wickelte man ihn in das Netz und fesselte ihn mit festen Riemen.

Nun hatte es sich einige Tage zuvor zugetragen, dass dem Löwen ein zierliches Mäuslein in die Tatzen geraten war, das er gerade zerquetschen wollte, als es zu ihm sprach: »Ich bitte dich, lass mich am Leben. Von mir wirst du ja nun wirklich nicht satt. Aber vielleicht kann ich dir einmal beistehen, wenn du in Not gerätst.« »Was würdest du kleine Maus schon ausrichten können«, erwiderte der Löwe, ließ sie aber dennoch laufen. Das Mäuslein hatte sein Versprechen nicht vergessen. Nun huschte es zu dem Löwen und sagte: »Du hast mein Leben verschont. Dafür will ich dir jetzt die Dankbarkeit erweisen, die ich dir versprochen hatte.« Und schon begann es, mit seinen kleinen Zähnchen die Stricke, Riemen und das Netz durchzunagen, mit denen der Löwe gefesselt war, bis er befreit aufspringen konnte. Da er von den Menschen restlos genug hatte, rannte er wieder den Berg hinauf, von dem er einst gekommen war. Die Maus aber versteckte sich in seiner Mähne, sodass sie immer in seiner Nähe sein konnte. Er hielt sie in hohen Ehren, brachte ihr Nahrung und beschützte sie vor ihren Feinden.

Aus Ägypten

»Freundschaft besteht
darin, einander nicht
im Stich zu lassen.«

Aus der Mongolei

DER VERRAT

Man sagt, dass sich diese Geschichte vor achthundert Jahren zugetragen haben soll. Aber wer weiß das schon so genau. Jedenfalls erzählte man sich, dass seinerzeit eine Frau einen sehr begabten Sohn namens Elidyr hatte. Sie hoffte, dass er einmal Priester werden würde. Deshalb schickte sie ihn, als er zwölf Jahre alt war, zu einem strengen Lehrer, der ihn unterrichtete. Der Lehrer meinte, er müsse dem Jungen das Wissen einprügeln, und schlug ihn oftmals grün und blau. Als Elidyr eines Tages wieder einmal seine Aufgaben nicht gemacht hatte und der Stock auf seinem Rücken herumtanzte, lief der Junge weg und versteckte sich in einer Höhle nahe der Uferböschung. Lieber leide ich Hunger, als dass ich mich weiter schlagen lasse, dachte er. So hielt er es auch am nächsten Tag. Am übernächsten aber war er so hungrig, dass er mit dem Gedanken spielte, zu seinem Lehrer zurückzukehren. Da erschienen plötzlich zwei kleine Männer am Eingang der Höhle, die trugen Körbe mit Beeren und Krüge mit Milch und empfahlen Elidyr, sich davon zu sättigen; schließlich sei es weder angenehm, Hunger zu haben noch geschlagen zu werden. »Da habt ihr recht«, meinte der Junge und stürzte sich gierig auf die Speisen. Als er alles verputzt hatte, meinten die beiden Männlein: »Wir haben dich gern und laden dich ein, uns in unsere Welt zu folgen, in der es viel Spiel und Spaß gibt.« »Das klingt wirklich verlockend«, meinte Elidyr und ging mit den beiden tief und immer tiefer in die Höhle hinein. Mit einem Mal tat sich eine wundersame Welt vor ihm auf. Blumen sah er dort, Flüsse und duftende Wiesen und Tiere wie auf der Erde; nur dass alles in seiner Größe den Männlein dort angepasst war. Sonne und Mond aber gab es nicht. Am Tag war es milchig grau und in der Nacht pechschwarz.

Er wurde auch dem König vorgestellt, einem Mann von kräftiger Statur; wenngleich er nur einen Spannen groß war, so war er doch größer als alle anderen im Volk der Anderswelt. Der König fragte ihn nach seinem bisherigen Leben unter den Menschen. »Du kannst mit meinem Sohn spielen, aber ihr müsst auch lernen, damit ihr es im Leben zu etwas bringt.« Elidyr nickte und berichtete, dass er einmal Priester werden wolle, was dem König zu gefallen schien. Aber erst einmal vergnügte er sich mit dem Sohn des Königs beim Ballspiel.

Die Feen, so winzig klein, wie sie waren, wirkten auf den Jungen bezaubernder als jemals ein Mensch zuvor. Sie aßen niemals Fleisch oder Fisch, sondern nährten sich weitestgehend von Milch, die sie mit Safran oder süß schmeckenden Kräutern würzten und daraus köstliche Speisen herzustellen wussten. Wahrhaftigkeit und Aufrichtigkeit, so vernahm er oft, waren die Werte, die ihnen heilig waren. In dem einen Jahr, das Elidyr in der Feenwelt lebte, war er immer wieder einmal in die Welt der Menschen hinaufgestiegen, um seine Mutter zu besuchen. Zunächst begleiteten ihn die Feen den weiten Weg durch die Höhle, durch die er einst mit den beiden Männlein in die Anderswelt gekommen war; später aber hatten sie so großes Vertrauen zu ihm, dass sie ihn auch alleine gehen ließen. Seiner Mutter erzählte er begeistert von dem wundervollen Leben, das er nun führte und sie freute sich mit ihm. Manchmal kam sie aus dem Staunen gar nicht mehr heraus. Wie schön, dass es ihm so gut geht, dachte sie. Sie selbst musste sich tagtäglich mit Näharbeiten für fremde Leute herumquälen, um ihren bescheidenen Lebensunterhalt als Witwe zu erwirtschaften.

Bei einem seiner Besuche erzählte Elidyr ihr, dass er häufig mit dem Sohn des Königs Ball spiele – und dass dieser Ball aus reinstem Gold wäre, wie auch die Teller und Trinkgefäße und zahlreiche andere Gegenstände bei den Feen. Da bat die Frau ihren Sohn, den Ball zu stehlen, damit sie ihn verkaufen und ihr Leben etwas angenehmer gestalten könne. Der Junge wehrte sich zunächst gegen dieses Ansinnen, doch die Mutter fragte ihn: »Liebst du mich denn?« »Natürlich liebe ich dich, Mutter.« »Dann tu es doch aus Liebe zu mir!« Sie bat ihn so inständig, dass er es ihr schließlich versprach, wenngleich ihm nicht wohl bei der Sache war. Aber es gab in der Anderswelt so viel Gold, dass es wohl niemandem auffallen würde, wenn er den Ball nähme, um seiner Mutter das Leben zu erleichtern. Als er nun das nächste Mal mit dem Sohn des Königs spielte, versteckte er den goldenen Ball schnell unter seinen Kleidern und machte sich auf den Weg in die Menschenwelt. Doch er verspürte, dass ihm Schatten folgten. Es wird eine Maus sein, dachte er und drehte sich um. Aber es war keine Maus, sondern es waren seine beiden Freunde, die ihn einst in die Anderswelt geführt hatten. Mit ihren zarten Stimmchen riefen sie hinter ihm her, er solle den goldenen Ball wieder zurückgeben. Er aber lief weiter. Als er an der Schwelle zum Haus seiner Mutter angekommen war, stolperte er und stürzte zu Boden. Da fiel der Ball aus seiner Tasche; die beiden kleinen Männer hoben ihn auf, nahmen ihn an sich und machten sich auf den Weg zur Höhle zurück. »Ich habe das doch nur aus Liebe zu meiner Mutter getan, das müsst ihr verstehen. Das ist doch menschlich. Verzeiht mir bitte!« Aber die beiden Männlein schüttelten nur ihre Köpfe. »Es ist besser weder menschlich noch treulos zu sein«, erwiderten sie. »Nehmt mich doch bitte, bitte wieder mit!«, bettelte der Junge. Die Tränen rannen ihm über das Gesicht, als er wahrnahm, dass die beiden verschwunden waren.

Ein Jahr lang ging er jeden Tag an die Uferböschung und suchte den Eingang zu der verborgenen Höhle. Er klopfte jeden Zentimeter ab, doch der Zugang war für immer verschwunden. So blieb ihm nichts anderes übrig, als zu seinem Lehrer zurückzugehen und fleißig zu lernen. Jahre später wurde er dann auch tatsächlich zum Priester geweiht. Er erzählte seine Geschichte von dem Ausflug in die Anderswelt Jahr für Jahr wieder, auch noch als er alt geworden war und nur noch einen wei-

ßen Haarkranz auf dem Haupt hatte. Alle seine Zuhö-
rer waren stets davon beeindruckt, dass ihm jedes Mal
am Ende der Geschichte die Tränen kamen, weil er das
Vertrauen seiner Freunde, der Feen, missbraucht hatte.

Aus England

UNTER DIEBEN

Vor sehr langer Zeit kam einmal ein Schiff nach Naxos. Es waren viele Kaufleute an Bord, die Geschäfte in der Hafenstadt abschließen wollten. Unter ihnen befanden sich auch drei Kaufleute, die von weither gereist kamen. Zwischen den Orten, in denen sie ihren Handel tätigten, lagen weite Wege, die sie unter der brennenden Sonne zurücklegen mussten, sodass sie allmählich hungrig und durstig geworden waren. Nun begab es sich, dass sie an einem Garten vorbeikamen, in dem ein Feigenbaum stand, der sie mit seinen reifen Früchten verlockte. Ohne lange nach dem Besitzer des Gartens zu fragen, kletterten sie über den Zaun, pflückten sich reichlich von den saftigen Feigen und verzehrten sie voll Genuss.

Nun saß im Schatten einer Zeder ein junger Hirte, der seine Ziegen hütete. Er beobachtete die drei Männer, sprang auf und lief zu dem Besitzer des Gartens. »In deinem Garten sind drei Männer, die dir die Feigen vom Baum stehlen!«, rief er. Der Besitzer holte sofort einige Nachbarn herbei. Sie packten Knüppel und Äxte und eilten miteinander in den Garten, um die Diebe auf frischer Tat zu ertappen. Schon wollten die Männer auf die drei Fremden einprügeln, da sprach der Älteste von ihnen: »Ihr wollt uns doch hier nicht schlagen; stellt uns für unsere Schandtat doch vor ein ordentliches Gericht.« Das sahen die Männer ein und ließen die Knüppel und Stöcke fallen. So standen die drei Kaufleute kurze Zeit später vor dem Dorfrichter. »Es sind Fremde«, meinte dieser, »wir dürfen sie nicht nach unserem Recht bestrafen, sondern müssen das Recht ihrer Heimatländer anwenden.« Zu dem ersten gewandt fragte er: »Welche Strafe würdest du in deiner Heimat für deine Tat bekommen? Aber sei ehrlich zu uns!« Der Kaufmann stammelte, dass er daheim für seinen Diebstahl zwanzig Schläge auf die Fußsohlen erhalten würde. »So soll es geschehen«, urteilte der Dorfrichter und beauftragte seinen Gehilfen, dem Mann zwanzig Schläge auf die Sohlen zu verabreichen. »Nun zu dir«, wandte er sich an den zweiten. »Welche Strafe würde dir für deine Verfehlung in deiner Heimat blühen? Aber sei ehrlich und aufrichtig!« Der Kaufmann stotterte, dass er in seiner Heimat zwanzig Hiebe auf den Hintern kriegen würde. Und schon sauste der Stock auf seinem Hinterteil nieder.

»Den Gewitzten bringt auch jeder Ausweg nach vorn.«

Martin Gerhard Reisenberg

»Jetzt zu dem dritten.« Damit meinte er den ältesten der Kaufleute. »Wie ist es in deiner Heimat üblich, einen Strauchdieb zu bestrafen?« »In meiner Heimat ist es Sitte, dass im Volk einer gesucht wird, der noch nie gestohlen hat. Der darf den Sünder so lange versohlen, bis er nicht mehr kann.« »Das sind strenge Gesetze, die bei euch herrschen«, staunte der Dorfrichter und bat die Leute, die umherstanden und den Prozess verfolgten, ihm einen Mann herbeizuschaffen, der noch nie etwas gestohlen hatte. Sie suchten und suchten, befragten diesen, befragten jenen, aber es ließ sich weit und breit kein Mensch finden, der in seinem Leben noch nie etwas entwendet hatte. Der Richter selbst wagte von sich auch nicht zu behaupten, dass er noch nie etwas von fremdem Eigentum genommen habe. So überlegten die Leute hin und her, wie sie mit der Strafe für den dritten Kaufmann umgehen sollten. Schließlich kam einer auf die Idee, man möge ein Kind nehmen, einen Buben, der noch nicht sprechen konnte. Alle waren mit diesem Vorschlag einverstanden. Solch Kind war schnell gefunden. Man gab dem Kleinen ein Stöckchen in die Hand, mit dem er den Kaufmann mehr streichelte als schlug, denn er verstand das Ganze als ein Spiel. Nach kurzer Zeit wurde das Kind müde und verlor den Spaß daran, sodass er das Stöckchen auf die Erde fallen ließ. Da mussten sie den Verurteilten freilassen; der spazierte lachend zum Hafen und während der zweite Kaufmann, eine Hand auf dem Hintern, gebückt davonschlich und der erste nicht mehr laufen konnte und getragen werden musste, bestieg er in bester Laune sein Schiff.

Aus Griechenland

»Willst du immer weiter
schweifen?
Sieh, das Gute liegt so nah.
Lerne nur das Glück ergreifen:
denn das Glück ist immer da.«

Johann Wolfgang von Goethe

HOCH HINAUS

Es geschah einmal im Reich der Mäuse, dass eine Mäusemutter sich darüber Gedanken machte, mit wem sie ihren Sohn vermählen wollte. Ihre Schwiegertochter sollte zu ihr passen, aber zugleich auch über ihr stehen. Sie fragte überall herum, wer das denn sein könnte. Eines Tages hörte sie, dass die Sonne am höchsten über allem stünde. Sogleich machte sie sich zur Sonne auf: »Liebe Sonne, man erzählt sich, dass du am höchsten über allem stehst. Ich möchte gern, dass du meinem Sohn deine Tochter zur Frau gibst.« »Du irrst dich«, antwortete die Sonne, »da musst du zur Wolke gehen. Sie kann sich vor mich stellen, sodass ich die Erde nicht mehr erhellen und erwärmen kann, deshalb ist sie mächtiger als ich.« Da machte sich die Maus zu der Wolke auf und trug ihr Anliegen vor. »Nein, ich bin nicht das Höchste und Gewaltigste, das es gibt. Das ist der Wind, denn der hat die Macht, mich auseinanderzutreiben und ganz wegzupusten, sodass ich nicht einmal über einen Berg von mittlerer Höhe kommen kann.« Eine Windsbraut, das hört sich gut an, dachte die Maus. Aber der Wind musste sie ebenfalls enttäuschen und schickte sie zum Tal. »Ich bin doch nicht das Höchste, was es gibt«, hörte sie auch vom Tal. »Da musst du schon den Fluss aufsuchen, denn wenn der über die Ufer tritt, habe ich keinerlei Möglichkeiten, ihn aufzuhalten.« Schon war die Maus zum Fluss unterwegs: »Lieber Fluss, du bist das Mächtigste, das es gibt, ich möchte gern, dass sich deine Tochter mit meinem Sohn vermählt. Bist du damit einverstanden?« Als der Fluss diese Worte vernahm, musste er so laut lachen, dass das Wasser wild schäumte. »Du irrst dich, liebe Maus. Das Ufer weist mich ständig in meine Schranken. Es hat immer Macht über mich.« Die Maus bedankte sich für die Auskunft und trippelte auf ihren kleinen Füßen zum Ufer hinauf. »Ich habe gehört, du bist das Mächtigste auf der Welt. Gib doch bitte meinem Sohn deine Tochter zur Frau.« »Nein, nein«, erwiderte das Ufer. »Über mir steht der Maulwurf, der ständig in mir herum gräbt und mir keine Ruhe lässt. Geh zu ihm!« Schon war die Maus am Eingang des Maulwurflochs angekommen, steckte ihre spitze Nase hinein und rief: »Lieber Maulwurf, du bist das, was in der Welt am höchsten steht.« »Niemals. Am höchsten stehen die Sonne, die Wolke, der Wind, das Tal, der Fluss und das Ufer.« »Bei all denen bin ich schon gewesen. Aber ihre Ratschläge haben mich letztlich zu dir geführt. Ich bitte dich: Gib meinem Sohn deine Tochter zur Frau!« Der Maulwurf war damit einverstanden. Schon am kommenden Tag fand die Hochzeit zwischen dem Mäusesohn und der Maulwurfstochter statt. Als das Brautpaar tanzte, dachte die Mäusemutter: Der Pelz meiner Schwiegertochter schimmert fast genauso, wie der Pelz meines Sohnes. Sie steht über mir und gleicht mir doch. Weshalb bin ich nur so weit gelaufen, um Höheres zu suchen, wo ich doch so liebenswerte Nachbarn habe, die mir ähnlich sind? Überglücklich reihte sie sich in den Hochzeitsreigen ein und feierte mit den zahlreichen Gästen bis tief in die Nacht.

Aus Bulgarien

»Meistens werden diejenigen Heuchler, welche Frömmig- keit als Zweck und Ziel aufstecken.«

Nach Johann Wolfgang von Goethe

DIE BETSCHWESTERN

Vor langer Zeit lebte ein König, an dessen Hofe
zwei Edelmänner ein- und ausgingen. Der
eine hatte drei Töchter, deren Frömmigkeit
und sittsamen Lebenswandel er in hehren Tönen zu
rühmen pflegte. »Zu jeder vollen Stunde beten sie und
preisen den Herrn«, ließ er sich immer wieder verneh-
men. Der andere hatte nur eine Tochter, ein fröhliches
und lebenslustiges Mädchen.

Eines Tages nun gab es bei Hofe eine Gesellschaft vieler
vornehmer Damen, die alle von ihren Töchtern schwärm-
ten. Der Prinz hörte sich das Geplauder eine Weile lang
an. Da hatte er plötzlich eine Idee. Er ging zu seiner Mutter und bat sie, ihm ihre Juwelen auszuleihen. Dann
verkleidete er sich als Händlerin und machte sich gegen
Abend auf den Weg. Er zog sich das Kopftuch noch ein
wenig ins Gesicht, dann klopfte er bei dem Edelmann
mit den drei tugendsamen Töchtern. »Ich komme von
weit her«, sagte er mit verstellter Stimme, »ob Eure
Töchter wohl Interesse daran haben, schönen Schmuck
zu erwerben?« Er öffnete das Tuch, in dem er die Juwelen verborgen hatte und breitete die Ketten, Reifen und

Ringe behutsam vor dem Edelmann aus. »Meine Töchter brauchen nichts, womit sie sich schmücken und eitel werden könnten. Sie tragen nur schlichte Kleider. Außerdem könnt Ihr sie jetzt sowieso nicht sprechen, denn sie verrichten gerade ihr Gebet und dabei möchten sie nicht gestört werden.« »Es ist schon spät geworden und ich habe einen weiten und anstrengenden Weg hinter mir. Wäre es möglich, dass ich bei Euch übernachte? Ich könnte mich in eine Ecke in dem Zimmer der Mädchen legen, dort wären meine Juwelen wohl am sichersten aufgehoben.«

Die vermeintliche Händlerin legte sich also in eine Ecke des Schlafzimmers der drei Mädchen und tat so, als ob sie schliefe. Doch kaum hatte die Kirchturmuhr Mitternacht geschlagen, da schlichen drei Jünglinge in das Zimmer und huschten unter die Decken der Mädchen. Als sie wieder gingen, hinterließ jeder der Burschen seiner Liebsten ein Geschenk. Kaum waren sie wieder verschwunden, nahm der Prinz die Geschenke an sich und stahl sich auf leisen Sohlen davon. Am kommenden Abend verkleidete sich der Prinz wiederum als Händlerin. Dieses Mal wählte er den Weg zu dem anderen Edel-

mann. Auf sein Klopfen hin öffnete die Frau des Edel-
manns die Tür. Die angebliche Händlerin breitete den
Schmuck auch vor deren Tochter aus. Das Mädchen
betrachtete die Juwelen eine Weile, entschied aber, der-
zeit nichts kaufen zu wollen. »Jetzt ist es schon dunkel
geworden, da könnt Ihr nicht mehr nach Hause gehen«,
gab es zu bedenken. »Ihr könnt in meinem Zimmer
schlafen. Aber kommt erst einmal und setzt Euch mit
uns zusammen zum Nachtessen.« Nach dem Mahl
durfte die angebliche Händlerin sogar im Bett des Mäd-
chens schlafen. Als das Mädchen dachte, sie sei einge-
nickt, kniete es nieder und betete. Dann kämmte es sich
die langen blonden Haare, dass sie ihr gefällig über die
Schultern fielen und zog sein Hemd aus. Sobald es ein-
schlief, griff sich »die Alte« das Hemd und schlich aus
dem Haus.

Ein paar Tage später ließ der Prinz alle Edelleute des
Landes zusammenkommen. Er hob die Geschenke hoch,
die er bei den drei Betschwestern an sich genommen
hatte und fragte in die Menge hinein, ob jemand die
kenne. »Natürlich!« Drei von ihnen hoben die Hand.
Und jeder von ihnen gestand, eins der Geschenke bei

den Betschwestern nach einem nächtlichen Besuch zurückgelassen zu haben. Wie beschämt standen die angeblich so tugendsamen Mädchen da; die Röte stieg ihnen nur so ins Gesicht. Nun reichte der Prinz dem lebensfrohen Mädchen das Hemd. Da brach dieses in schallendes Gelächter aus und sagte zu ihrer Mutter: »Sieh nur, es war der Prinz, der, als Händlerin verkleidet, in meinem Bett geschlafen und mein Hemd an sich genommen hat!« Die Mutter mahnte ihre Tochter zur Zurückhaltung, doch bevor das Mädchen sich besinnen konnte, fragte der Prinz: »Ist das Euer Hemd?« »Aber ja doch, Hoheit!« »Dann nehmt es zurück! Ich wünsche, dass Ihr meine Gemahlin werdet. Die drei Betschwestern aber soll man, damit sie ihr Leben lang fromm und gesittet bleiben, für alle Zeiten hinter die Pforten eines Klosters stecken.«

Aus Portugal

WIE DIE VERPFLEGUNG,
SO DIE BEWEGUNG

Es lebte einmal ein Bauer, der überaus geizig war, doch seine Frau übertraf ihn darin noch. Wenngleich sie einen großen Acker ihr eigen nennen konnten, beschäftigten sie nur einen einzigen Knecht, der alle Arbeit allein verrichten musste. Als nun wieder einmal die Zeit der Ernte kam, schickte ihn der Bauer los, den Weizen einzubringen und die Oliven zu ernten. Der Knecht machte sich auch sofort auf den Weg. Als er das Feld erreicht hatte, öffnete er erst einmal seinen Beutel, um sich zu stärken, denn ihm knurrte der Magen, weil er kein Frühstück bekommen hatte. Aber was sah er da? Ein kleines Stück schwarzes Brot, ein Fischlein, kaum größer als sein Daumen, und eine Flasche mit Brunnenwasser. Darüber empörte er sich dermaßen, dass er das wenige aß, sich dann unter den Feigenbaum legte und den Tag verschlief. Die nächsten Tage verliefen ebenso: Kaum hatte der Knecht sein überaus bescheidenes Mahl verzehrt, so legte er sich zum Schlaf nieder.

Eines Tages nun traf ein Nachbar den Bauern und fragte ihn, weshalb er die Ernte nicht einbringen würde, der

Weizen sei doch längst reif. »Das macht mein Knecht, er geht jeden Tag aufs Feld«, erwiderte der Bauer. Da musste sein Nachbar lachen und meinte: »Dein Knecht liegt jeden Tag unter dem Feigenbaum und schläft.« Der Bauer wollte das zunächst gar nicht glauben. Am nächsten Tag aber wollte er sich vergewissern, ob sein Nachbar recht hatte, ging zu seinem Acker und versteckte sich. Da sah er mit eigenen Augen, dass der Knecht sein kärgliches Mahl verzehrte und sich dann mit den Worten »Wie die Verpflegung, so die Bewegung« unter dem Baum ausstreckte. Schnell lief der Bauer zu seinem Nachbarn und sagte: »Es verhält sich tatsächlich so, wie du gesagt hast. Was soll ich jetzt mit diesem Taugenichts machen? Soll ich ihn verprügeln?« »Dann wird er dich verlassen und du hättest gar niemanden mehr. Ich vermute, dass deine Frau ihm nicht genug zu essen gibt.«

Der Bauer wartete, bis der Knecht am Abend den Hof erreichte, stellte sich ihm in den Weg und sagte: »All unsere Nachbarn haben schon ihre Ernte eingebracht. Du aber hast noch nicht einen Halm in die Scheune getragen.« Da antwortete der Knecht: »Gebt mir genug zu essen, dann werde ich den Vorsprung der Nachbarn

»Wenn einer schießen will, muss er laden, und wenn einer arbeiten soll, muss er essen.«

Volksweisheit

schnell einholen.« Der Bauer lief zu seiner Frau und schimpfte: »Unser Knecht arbeitet nicht ordentlich, weil du ihm nicht genug zu essen gibst.« Die Frau erwiderte: »Der Halunke bekommt schon genug.« Da wurde der Bauer böse: »Entweder du tust, was ich dir sage, oder du musst die Arbeit selbst tun! Glaubst du denn, ein Mensch braucht weniger als Ochs und Esel? Wenn in diesem Sommer die ganze Ernte verdirbt, dann ist das allein deine Schuld.« So blieb der Frau nichts anderes übrig, als sich den Worten ihres Mannes zu fügen. Sie buk einen saftigen Honigkuchen und schlachtete einen Hahn, den sie über dem Feuer briet. Beides legte sie dem Knecht am nächsten Morgen in seinen Beutel; dazu füllte sie ihm seine Flasche mit dem besten Wein, den sie hatten.

Als der Knecht auf dem Acker angekommen war und die herrlichen Speisen entdeckte, lachte er und sagte zu sich selbst: »Jetzt ist Schluss mit der Faulenzerei. Wie die Verpflegung, so die Bewegung.« Er spuckte in die Hände und arbeitete bis zum Sonnenuntergang. Und in der Tat: Er hatte allein an dem einen Tag den Vorsprung der anderen Bauern ringsum fast eingeholt und den größten Teil der Ernte eingebracht. Dem Bauern und seiner Frau gingen vor Staunen die Augen über. Da der Geiz nun schon einmal durchbrochen war, ließen sie den Knecht fortan so viel essen, wie er wollte. Deshalb brauchten sie sich in ihrem ganzen Leben nie mehr über einen faulen Knecht zu ärgern.

Aus Griechenland

»Es gibt auf der Welt
kaum ein schöneres Übermaß
als das der Dankbarkeit.«

Jean de la Bruyère

DER BESUCH DER HERRIN

Einst lebte eine Grundherrin, die viele Bauernhöfe ihr eigen nennen konnte. Einmal im Jahr kündigte sie sich ihren Pächtern an, um nach dem Rechten zu sehen und das Pachtgeld in Empfang zu nehmen. Dabei wurde sie stets fürstlich empfangen und verköstigt. Auf dem Tisch lag das edelste Leinentuch und gedeckt wurde mit dem Sonntagsgeschirr und dem silbernen Besteck. Als sie wieder einmal von einer solchen Reise nach Hause zurückgekehrt war, überlegte sie: Ob sie wohl jeden Gast so empfangen, oder ob sie alles nur so fein herrichten, um die Pacht für das kommende Jahr günstig mit mir auszuhandeln? Diese Gedanken ließen ihr keine Ruhe. So fasste sie für das kommende Jahr einen Plan. Sie kündigte ihren Besuch nicht an, verkleidete sich als einfache alte Frau, trug ein Körbchen am Arm und tat so, als wolle sie etwas verkaufen. Da sie etliche Gehöfte zu besuchen hatte, brach sie bereits in aller Frühe auf. Schließlich erreichte sie den ersten Bauernhof. Sie begab sich zur Hintertür, klopfte und rief: »Ist jemand da?« Die Magd, die diese Worte vernommen hatte, rief die Bäuerin herbei und stöhnte: »Da steht schon wieder so eine vor der Tür. Was soll ich denn machen?« Die Bäuerin kam herbei und rief: »Wir brauchen nichts. Kannst du nicht den ganzen Tag daheim arbeiten wie andere auch?« »Na ja«, erwiderte die Händlerin, »das ist da, wo ich herkomme, nicht so einfach. Ich bin nun schon weit gelaufen und habe schrecklichen Hunger!« Die Bäuerin warf ihr einen Brocken trockenen Brotes vor die Füße und schimpfte: »Jetzt scher dich aber schleunigst von dannen!« Die Händlerin hob den Kanten Brot auf und legte ihn in ihren Korb.

Wenig später erreichte sie das zweite Gehöft. Dort duftete es verführerisch nach Kaffee. Sie hätte jetzt gern ein Tässchen davon getrunken, denn da sie es nicht gewohnt war, solche weiten Strecken zu Fuß zu gehen, war sie schon ein wenig müde geworden. Doch auf ihr Klopfen wurde nicht einmal die Tür geöffnet. »Wir brauchen nichts! Landstreicherpack wollen wir hier nicht sehen!«, rief die Bäuerin aus der Stube. Da machte sich die Frau wieder auf den Weg. Allmählich ging es auf Mittag zu und der Hunger meldete sich stärker als noch am Morgen. An dem dritten Gehöft roch es nach einem kräftigen Bohneneintopf. Ihr lief schon das Wasser im Munde zusammen, als sie klopfte. Doch wieder hörte sie von drinnen: »Wir brauchen nichts!« »Dürfte ich mich denn hier wenigstens etwas ausruhen? Ich habe schon einen weiten Weg hinter mir.« Sie setzte sich auf die Bank vor dem Kuhstall. »Könnt Ihr mir bitte etwas Wasser zu trinken geben, ich bin so durstig.« Sie hoffte, dass man ihr auch einen Teller Suppe reichen würde. Doch weit gefehlt. Die Bäuerin kam mit mürrischem Gesicht heraus, stellte ihr einen angeschlagenen Tonkrug voll Wasser hin und verschwand sofort wieder im Haus.

Mit müden Füßen trottete die Frau weiter. Sie wusste, dass der Bauer, den sie als nächsten aufsuchen wollte, ein launischer Kerl war. Er war gerade im Stall, um die Kühe zu melken, als sie ihm ihre Waren anbieten wollte. Doch mit mürrischem Gesicht wies er sie ab, ohne auch nur einen Blick in ihren Korb zu werfen. Plötzlich erschien eines der Kinder des Bauern. Da rief die Mutter: »Weg mit solchem Gesindel!« Schon packte der Junge einen großen Stein und warf ihn nach ihr. Seine Mutter schrie: »Verschwinde und such dir eine anständige Arbeit!« Die Frau hob den Stein auf und legte ihn in ihren Korb. So habe ich mir die Reise heute nicht vorgestellt, dachte sie bei sich. Inzwischen dämmerte es und sie hatte noch einen weiteren Hof zu besuchen. Doch so weit drang sie gar nicht vor, denn da lief ihr ein riesiger Hund entgegen, der furchterregend bellte. »Haltet doch den Hund fest!«, rief sie. »Wir haben diesen Hund, damit er uns solches Lumpenpack wie Euch vom Hals hält!«, rief der Bauer und lachte.

Allmählich war die Frau mit ihren Kräften am Ende. Inzwischen hatte die Dämmerung eingesetzt und sie fürchtete, den Weg nach Hause vor Anbruch der Nacht nicht mehr zu schaffen. Da erspähte sie am Ende eines Weges einen Lichtschein. Sie ging geradewegs darauf zu und sah, dass er aus dem Fenster eines kleinen, baufälligen Bauernhofes schien, der ihr nicht gehörte. Sie rief von draußen, ob denn wohl jemand etwas von ihr kaufen würde, sie hätte so einen schlechten Tag gehabt. Die Bäuerin öffnete die Tür und sagte: »Wir haben nicht viel Geld im Beutel, aber komm doch erst einmal in die Küche, du siehst müde aus.« Der Mann nickte ihr freundlich zu. Sie durfte sich an den Tisch setzen. Ehe sie sich versah, standen eine Tasse Kaffee und ein Stück frisch gebackenen Kuchens vor ihr. »Jetzt komm erst einmal wieder zu dir«, sagte die Bäuerin. »Hast du es denn noch

weit bis daheim?« »Ja, ich habe noch ein gutes Stück
Weg vor mir.« Die Bäuerin wechselte einen Blick mit
ihrem Mann und meinte dann: »Wir sind nur einfache
Leute und können dir keine Schlafkammer zur Verfü-
gung stellen. Aber du kannst auf der Ofenbank schlafen, wenn du möchtest. Wir heißen dich herzlich bei uns
willkommen.« Zum Abendessen wurden ihr noch Brot
und ein Brei aus Ziegenmilch gereicht. Dann holte die
Bäuerin eine warme Decke aus der Kammer und gab sie
der Frau für die Nacht. Am kommenden Morgen, ein
wenig erholt vom Schlaf, stand die Frau auf, nahm ihr
Körbchen und dankte ihren gütigen Gastgebern. »Wenn
du hier wieder einmal vorbeikommst, dann klopfe ru-
hig an, du bist uns jederzeit willkommen.« Mit diesen
Worten reichte ihr die Bäuerin die Hand zum Abschied.

Wieder in ihrem herrschaftlichen Haus angekommen,
sichtete die Grundherrin die Dinge in ihrem Korb. Das
trockene Stück Brot wickelte sie ein, ebenso wie den
Stein, den der Junge nach ihr geworfen hatte. Von dem
Hund, den man auf sie gehetzt hatte, fertigte sie eine
Zeichnung an. Dann setzte sie sich hin und schrieb an
all ihre Pächter, dass die Grundherrin sie zum Essen

einladen würde. Das wird ein Fest geben, dachten die Bauern und Bäuerinnen und suchten ihre besten Gewänder hervor. Nur in dem kleinen Bauernhaus fragten sich die beiden Alten, was denn dieser Brief zu bedeuten habe, denn sie würden die Frau, die sie einlud, ja nicht einmal kennen. »Es wird eine vornehme Frau sein, da haben wir nichts Rechtes anzuziehen«, meinte die Bäuerin. »Aber so eine Einladung kann man ja auch nicht einfach ausschlagen«, gab der Bauer zu bedenken. So suchten sie das Beste an Kleidern heraus, das sie hatten, und sahen darin doch sehr ordentlich aus. Als sie den Gutshof erreichten, wurden sie von einer sehr vornehmen Dame begrüßt. Die Bäuerin erschrak und stieß ihren Mann in die Seite: »Das ist doch die Frau, die neulich bei uns übernachtet hat?!« Jetzt wurde ihre Angst noch größer.

Inzwischen waren auch die anderen Gäste eingetroffen, herausgeputzt bis zum Letzten. Die Gutsherrin begrüßte sie, dann führte sie alle nacheinander in den Speisesaal und sagte, sie würden ihren Platz auf einem Zettel, der neben dem Teller läge, schon selbst finden. Natürlich hoffte jeder, oben an der Tafel neben der Gutsherrin sitzen zu dürfen. Die alte Bäuerin und ihr Mann jedoch erschraken, als sie sahen, dass ihnen die beiden Ehrenplätze zugedacht waren. Schließlich hatten alle ihren Platz gefunden. Da hob die Gutsherrin an: »Wenn ich euch früher einmal im Jahr besucht hatte, waren es immer sehr schöne Tage. Nun habe ich mich in diesem Jahr einmal als Händlerin verkleidet und bin unerkannt zu euch gekommen. Und was habt ihr mir angeboten?« Sie wies auf das erste Ehepaar und hob das trockene Stück Brot hoch. Und so ging sie ihre Pächter nacheinander durch. »Bei euch gab es nur einen Becher Wasser.« – »Dein Sohn hat mit einem Stein nach mir geworfen und du hast deine Stimme nicht dagegen erhoben.« Bei diesen Worten hob sie den Stein hoch. Zum Letzten meinte sie: »Du hast deinen Hund auf mich gehetzt, zur Erinnerung habe ich diesen Hundekopf gemalt. Müde, hungrig und durstig bin ich gewesen. Da haben mich diese beiden alten Leute, die ich nicht gekannt habe, bei sich aufgenommen, mir zu essen und zu trinken gegeben und mir eine Schlafstätte bereitet. Deshalb gebührt ihnen heute der Ehrenplatz.«

Da machten sich die herausgeputzten Pächter eins ums andere still davon, nur die beiden Alten blieben. Sie wurden aufs Köstlichste bewirtet und genossen Speisen und Getränke, wie sie sie in ihrem ganzen Leben noch nicht geschmeckt hatten. Jedes Jahr besuchte die Grundherrin die beiden auf ihrem bescheidenen Hof, weil sie seinerzeit von ihnen so herzlich empfangen und aufgenommen worden war.

Aus Deutschland

»Märchen entspannen und heilen mit Worten. Sie können ein Schlüssel zu verborgenen Seelenbildern sein. Man wird wieder aus Himmel und Sternen Bilder machen und die Spinnweben alter Märchen auf offene Wunden legen.«

Christian Morgenstern

QUELLEN

Der Ratschlag der Eule, nach: »Das Märchen vom winzig kleinen Mann«, in: Nordamerikanische Märchen. Herausgegeben von Frederik Hetmann, Frankfurt am Main 1973

Das Glück des Schusters, nach: »Der arme Schuster«, in: Portugiesische Märchen, Düsseldorf-Köln 1975

Die Macht der Versuchung, nach: »Der alte Adam«, in: Englische Märchen. Herausgegeben von Frederik Hetmann, Frankfurt am Main 1976

Das Geschenk des Bettlers, nach: »Der Herrgott vom Kapellchen«, in: Portugiesische Märchen, Düsseldorf-Köln 1975

Die List des Vagabunden, nach »Die Geschichte vom Suppenstein«, in: Irische Märchen. Herausgegeben von Frederik Hetmann, Frankfurt am Main 1987

Die nächtliche Wache, nach »Der geizige Reiche«, in: Spanische Märchen, Frankfurt am Main 1974

Fünf Groschen des Königs, nach »Das Bäuerlein«, in: Portugiesische Märchen, Düsseldorf-Köln 1975

Mehr als Glück und Verstand, nach: »Glück und Verstand«, in: Märchen aus Kordofan. Herausgegeben von Leo Frobenius, Jena 1923

Ungleiche Freunde, nach: »Eine unaufrichtige Freundschaft«, in: Indonesische Märchen. Herausgegeben und aus dem Indonesischen übertragen von Ernst Ulrich Kratz, Düsseldorf-Köln 1978

Alle Weisheit der Welt, nach: »Von der Spinne und ihrer Weisheit«, in: akua.myblog.de/akua/page/399905/Marchen-aus-Ghana

Das heilsame Erschrecken, nach: »Sohn bist du und du wirst Vater werden«, in: Portugiesische Märchen, Düsseldorf-Köln 1975

Die Ratschläge des Weisen, nach »Von einem Mann, der betteln ging«, in: Friesische Märchen. Herausgegeben und übersetzt von Jurjen van der Koii und Babs A. Gezelle Meerburg, Düsseldorf-Köln 1990

Der Löwe und die Maus, nach: »Der Löwe und der Mensch«, in: Die schönsten Märchen aus Asien und Afrika, Rastatt 1987

Der Verrat, nach »Der Junge, der von den Feen zurückkam«, in: Englische Märchen. Herausgegeben von Frederik Hetmann, Frankfurt am Main 1976

Unter Dieben, nach »Der Türke, der Italiener und der Armenier«, in: Märchen griechischer Inseln und Märchen aus Malta. Herausgegeben und übersetzt von Felix Karlinger, Düsseldorf-Köln 1990

Hoch hinaus, nach: »Die Maus und der Maulwurf«,

in: Bulgarische Märchen. Herausgegeben von Elena Ognjanowa, Frankfurt am Main 1992

Die Betschwestern, nach: »Die Betschwestern«,
in: Portugiesische Märchen. Düsseldorf-Köln 1975

Wie die Verpflegung, so die Bewegung, nach: »Wie die Verpflegung, so die Bewegung«, in: Märchen griechischer Inseln und Märchen aus Malta. Herausgegeben und übersetzt von Felix Karlinger, Düsseldorf-Köln 1990

Der Besuch der Herrin, nach: »Die Grundherrin als Bettelweib«, in: Friesische Märchen, Herausgegeben und übersetzt von Jurjen van der Koii und Babs A. Gezelle Meerburg, Düsseldorf-Köln 1990

Christa Spilling-Nöker

Die Autorin dieses Bandes, Dr. Christa Spilling-Nöker, ist Pfarrerin mit pädagogischer und tiefenpsychologischer Ausbildung. Sie ist Verfasserin zahlreicher erfolgreicher Veröffentlichungen im Verlag Herder.

Engel. Geschichten aus alter Zeit
128 Seiten | ISBN 978-3-451-30594-8

Ein Engel dir zur Seite
Mit Bildern von Marc Chagall
128 Seiten | ISBN 978-3-451-30361-6

Garten
Geschichten zum Aufblühen
128 Seiten | ISBN 978-3-451-32716-2

Weihnacht
Geschichten aus aller Welt
128 Seiten | ISBN 978-3-451-32677-6

Die schönsten Seiten des Lebens
Das Familienhausbuch für das ganze Jahr
240 Seiten | ISBN 978-3-451-32551-9

HERDER

Weisheit für die Seele

GOLDENE REGELN ZUM LEBEN

Ausgewählte Texte großer Autoren in kostbaren farbig
gestalteten Geschenkausgaben. Ein reicher Schatz
an spiritueller Weisheit, der Zeiten zum Aufatmen
und Innehalten schenkt.

Hans Jellouschek · *Goldene Regeln der Liebe*
128 Seiten | ISBN 978-3-451-30724-9

Thich Nhat Hanh · *Goldene Regeln der Achtsamkeit*
128 Seiten | ISBN 978-3-451-30725-6

Anselm Grün · *Goldene Regeln des Glücks*
128 Seiten | ISBN 978-3-451-30634-1

Khalil Gibran · *Goldene Regeln des Herzens*
128 Seiten | ISBN 978-3-451-30631-0

WEISHEITSGESCHICHTEN

Die schönsten Geschichten, neu erzählt für unsere
Gegenwart, in kostbaren farbig gestalteten Geschenkausgaben, gebunden in Halbleinen mit Goldprägung.

Christa Spilling-Nöker · *Weisheit. Märchen aus aller Welt*
128 Seiten | ISBN 978-3-451-30681-5

Yarito Njimura · *Zen. Geschichten alter Meister*
128 Seiten | ISBN 978-3-451-30682-2

Christa Spilling-Nöker · *Engel. Geschichten aus alter Zeit*
128 Seiten | ISBN 978-3-451-30594-8

HERDER

Weisheit für die Seele

WORTE VOLL WEISHEIT

Weisheitsschätze aus der ganzen Welt: Worte,
die inspirieren und Licht in unseren Alltag bringen.

Christian Leven (Hg.)
Weisheit der Welt · Worte zum Glücklichsein
256 Seiten | ISBN 978-3-451-30723-2

Christian Leven (Hg.)
Weisheit der Welt · Worte, die gut tun
256 Seiten | ISBN 978-3-451-30630-3

Weisheit der Welt · Lesezeichen-Kalender 2014
13 Blatt | ISBN 978-3-451-30726-3

ANTHONY DE MELLO

Weisheitsgeschichten und Glücksimpulse von Anthony
de Mello: Alles, was es zum Glück braucht, ist Achtsamkeit. Vier wunderbar weise, schwerelose Bücher.

Wie ein Fisch im Wasser
Anleitung zum Glücklichsein
144 Seiten | ISBN 978-3-451-32625-7

Warum der Vogel singt
Weisheitsgeschichten
144 Seiten | ISBN 978-3-451-32621-9

Warum der Schäfer jedes Wetter liebt
Weisheitsgeschichten
224 Seiten | ISBN 978-3-451-32617-2

Wer bringt das Pferd zum Fliegen
Weisheitsgeschichten
208 Seiten | ISBN 978-3-451-32618-9

HERDER

© Verlag Herder GmbH, Freiburg im Breisgau 2013
Alle Rechte vorbehalten
www.herder.de

Gesamtgestaltung:
Tina Lechner Grafik & Buchdesign, Stuttgart
Umschlagmotiv:
Gustav Klimt (1862–1918), Stocletfries, Lebensbaum
Bildvorlage: © akg images / Erich Lessing

Herstellung: Graspo, Zlín

Gedruckt auf umweltfreundlichem,
chlorfrei gebleichtem Papier

Printed in the Czech Republic

ISBN 978-3-451-30681-5